小说·诗歌·国学

给中学生的文学课

◎ 陈茜茜 著

中国旅游出版社

责任编辑：林小燕
责任印制：冯冬青
装帧设计：刘勤

图书在版编目（CIP）数据

给中学生的文学课 / 陈茜茜著 . -- 北京：中国旅
游出版社，2021.1
　ISBN 978-7-5032-6394-1

　Ⅰ.①给… Ⅱ.①陈… Ⅲ.①文学－基本知识－中学
－教材 Ⅳ.① G634.301

中国版本图书馆 CIP 数据核字 (2019) 第 254025 号

书　　名：给中学生的文学课

作　　者：陈茜茜 著
出版发行：中国旅游出版社
　　　　　（北京静安东里 6 号　邮编：100028）
　　　　　http://www.cttp.net.cn　E－ mail:cttp@mct.gov.cn
　　　　　营销中心电话：010－ 57377108　010－57377109
　　　　　读者服务部电话：010-57377151
排　　版：厦门市子健文化传媒有限公司
经　　销：全国各地新华书店
印　　刷：北京盛华达印刷有限公司
版　　次：2021 年 1 月第 1 版　2021 年 1 月第 1 次印刷
开　　本：720 毫米 ×970 毫米　1/16
印　　张：11.25
字　　数：216 千
定　　价：40.00 元
ISBN　978-7-5032-6394-1

写在前面的话

2017年8月，在白鹭洲公园的筼筜书院幸会从加拿大归国办学的马骁先生。午后阳光正好，窗外的金桂枝繁叶茂，我们的话题很自然地由传统文化转到国际教育，马先生说他在深圳国际学校十年，回厦门任教的时候，有学生亲手织了一条围巾送给他，说厦门下雪的时候，或许用得上它。他很感慨，那些熟悉世界人文地理的孩子们却不谙中国的地理气候。

我们的根在哪里？教育何为？对于这些日后大多会选择到国外高校去深造的学生来说，阅读中文文本的价值和意义在哪里？余光中先生说："不读古文，我们会成为没有记忆的民族。"朱自清先生曾言："经典训练的价值不在实用，而在文化。"

本课程内容共三讲，包括小说、诗歌、国学部分。考虑到学生的学情，遵循由浅入深、由易到难的原则，小说和诗歌教学首先开始阅读中外短篇小说和浅易的古典诗歌，再配合文学鉴赏和文法写作上的指导，逐步进入到小说整本书阅读和诗歌中英文互译。国学部分从蒙养教材学起，涉猎经、史、子、集等多方面的内容，以选学为主逐步加深和提高，开展传统文化教育时努力把"个人修养""家国情怀"和"社会责任"等进步思想的文化元素筛选出来，融入教材，形成学生成长的正能量。在这个扬弃取舍的过程中，培养学生对传统文化的反思和批判意识。

课堂教学实践中，通过三类课程（学科课程、专题课程、综合课程）引领学生以多样互补、综合协同的方式展开课程学习。在学科课程中系统地学习中外历代文化文学作品，主张纲目清晰，以流派统率作家作品，做到纲举目张，使学生对中西方的文化有一个系统的了解。然后，将必要的文法知识和习作训练作为专题课程，形成"网络"进行"编码"以便检索，顾及学生的"心理组织"，帮助他们进行知识学习的归类。最后，融合听说读写开发相关的综合课程，激发学生学习和探究的兴趣，培养自身阅读评价的思考能力和小组团队协作的能力。专题课程小说部分开展"我向大家推荐一本书"的读书交流分享会；诗歌部分安排《中国诗词大会》的竞赛单元和《经典咏流传》的综合文艺秀；国学部分通过春节剪窗花、制作中国结和元宵节做灯笼、猜字谜以及端午节拔河、制作香囊等，利用精心设计的活动，让学生融入文化的学习中，通过自己的观察和思考，感悟文化现象背后的本质。综合课程的设计结合学校每学年开展的项目活动形式，把校园和社会文化生活与儿童兴趣爱好有效地联系起来，提升文学教学的实用性。

历史与未来的相遇

几年前，我从温哥华返回厦门，在台北转机，幸得故人邀请参观当时在台北故宫博物院举行的北宋大观展。当时我驻足流连于苏轼《前赤壁赋》真迹良久。苏子曰："……盖将自其变者而观之，则天地曾不能以一瞬；自其不变者而观之，则物与我皆无尽也，而又何羡乎！且夫天地之间，物各有主，苟非吾之所有，虽一毫而莫取。……"透过穿越千年沧桑的字体，我也似乎从字里行间体味到这位一生饱经风霜、跌宕起伏的大文豪朴素的人生哲理。当时的我，由于工作家庭原因长期奔波于加拿大和中国之间，时空颠倒，身心俱疲，而此行台北也是忙里偷闲，希望给自己一个思考的时间。恰在此时，历史与我相遇，这段文字让我醍醐灌顶，促成我毅然决定沿着自己钟爱的教育事业勇往直前，这不能不说是冥冥中文字对我未来命运的一种安排。

2014年年底我决定组织团队回鹭岛办学，随后便结识了众多厦门当地教育界的前辈同行。承蒙一位敦厚长者引荐，有幸结识陈茜茜老师，与陈老师初见便相谈甚欢，我们谈论语言文字的习得与审美，也一起探讨国学与英文对国际学校学生的教学价值所在。我们有很深的认同感：作为一名历史老师，我跟陈老师一样都觉得，制作一本能够引导孩子体味文字之美的书籍，似乎可以作为一种尝试。这本书不单单是列出古今中外的经典名篇，更是在字里行间跟我们述说着一个个精妙的故事，用说故事的方式将伦理、道德、价值观带给孩子，把学生读书观史的兴趣调动起来，随着阅读量的增加，国文水平就会提高，文章亦可丰富。

作为一名国际学校的历史老师，经常会有学生和家长问我这样的问题："现在全球化、人工智能化已经可以实现实时翻译、实时查阅。我们还有没有必要继续学习古文和现代文学？"我觉得我当时在台北所感可以给出一个正面的答案。中国人之所以学习中文不仅仅是为了听说读写，更应理解祖先留下的文字兴会意味之处以及与之相伴的历史文化传承。文字中不仅包含了朝代兴替，还蕴含着人间悲欢，这也恰恰是用来解决我们未来的生命困境和处理人际关系的命脉所在。理解文字的含义，与古圣先贤对话，让他们的智慧启迪自己的人生。因此，国际中文课程的价值在于能学习古人的知识智能、品味古人的生活情趣、体会古人的生命情怀,从而涵养自我情操、培养人生智慧,做一个有内涵、有修养的人。

经过两年的课程开发和试用,陈老师的书稿终于可以结集出版了,她的文学教育的理想和情怀或许可以借助这本实用而精美的小册子传递给更多的读者。承蒙信任让我为此书作序,虽然诚惶诚恐,但是想着能把这样的一本好书推荐给更多的朋友,供学生和家长学习交流之用,也便欣然应允了。

记得在温哥华读书的假期,随同本班日本同学前往大阪游览,在大阪市中心的一家书店里,我看到好多本便携式汉语书籍,诸如中国四大名著、唐朝李杜诗集,甚至还有四书五经等古书的选辑与批注,图书摆放的位置是畅销书的位置。我在感叹中华文化博大精深的同时,也希望能有更多的人能够在中国的语言文字里,意会兴味,源远流长,感受文字内外的冷暖情怀,把握历史的脉搏和心跳,让历史与未来相遇,做一个更好的世界公民。

马骁

2019年6月　鹭岛

目　录

上编

小说部分

章首

　　口传文化时代，人们口口相传趣闻逸事；印刷文化时代，人们记录下自己的文学故事；今天的电子媒介文化时代，尽管文学这一古老的形式面临严峻挑战，但文学的话语仍作为不可多得的生存智慧，不断激发人们对自然的爱，对社会的关切，对人自身的洞察。我们从这里开始，开启一个通向人类精神家园的门径，翻开书本去寻觅，去发现小说阅读的乐趣和方式。

讲故事的方式

小说的世界是极为丰富的,从几百个字甚至不足百字的微型小说到数百万字的多卷本长篇小说,有故事离奇的惊险小说、想象怪诞的志怪小说,也有跌宕起伏的世情小说、震撼人心的史诗神话,多姿多彩,各显其能。

最早的小说可能就是起源于讲故事。我们人类告诉自己和别人的一切,都是一个宏大叙述,也就是人类故事的一部分。当人学会用语言来交流,开始围坐在篝火边,讲述一天的狩猎活动时,这个故事就开始了。

但小说成为一种文学样式之后,就不再只是简单地讲故事,而是积累了越来越丰富的表现手法,锻炼出多种多样的技巧。小孩子都很喜欢听故事,缠着大人们讲故事,到了稍稍识字,便要自己看小说,但很多人看小说就只是看故事,不去分析它的技巧,不去深入领略它的韵味。因此,在各种文学体裁中,小说最容易被粗读甚至是误读,好好地读小说,需要我们付出更大的耐心和更敏锐的眼力。

很久很久以前,那时还没有小说,但已经有别的叙事手段了,如史诗、历史记述、浪漫诗或类似游记的非虚构记叙文等,有大家熟悉的《伊利亚特》《奥德塞》等,直到1605年,一部令世界大为兴奋的书出现了,那就是《堂吉诃德》。塞万提斯效仿了以前的叙事模式,让他笔下的堂吉诃德坠入两个世界的混乱之中:一个是他的想象世界,他读了太多那样的故事;另一个是他无奈生活在其中的枯燥世界。作家通过一个被困在既不消失也不存在的过去中的不合时宜的人物,对他自己所处的"此时此地"做了一番评说。塞万提斯的手法是旧瓶装新酒,忽略习俗,去创造发明,边写边把各种素材都用进来。当然,在当时以及以后很多年,每篇小说都是实验性的。大部分读者知道卡夫卡的短篇小说《变形记》,小说里,一个年轻人一早醒来,发现自己变成了一只巨大的昆虫,故事用一种常见的形象表现了异化,让它实实在在,因此赋予异化一种怪诞色彩。小说的兴起和现代世界——探险、发现、发明、发展、压迫、工业化、剥削、征服和暴力的兴起是同步的,这并非巧合,正如每个时代都有它自己的文学思潮,有时候甚至不止一个,而且处于不断地发展和变化之中。比如,19世纪的法国和俄罗斯都有堪称经典的心理小说,"现代小说之父"司汤达为后人提供了一种崭新的方式,在《红与黑》中,两个上流社会的女人对出身贫贱的于连的爱情,她们的心理状况完全是两样的。列夫·托尔斯泰和陀思妥耶夫斯基都生活在俄罗斯的大环境中，都是现实主义的作家，关注人的心理和精神，但是他们在艺术上又有极大的差异。读托尔斯泰的心理描写常常会感觉到美好，被诱导着自我反省，在优美中被净化、提升；读陀思妥耶夫斯基的心理描写会感觉窒息，在窒息中受到拷问，得到警示。进入20世纪，有的作家和理论家对这样的写法又不满足了，认为这样的小说还不能反映人类真实的心理生活，按照现代心理学家的看法，人的心理的一个重要特征是它的连续性，心理不能被分成几截，它不是由若干部分衔接而成的，而是持续不断的流，是主观生活之流、思想之流、意识之流。于是，20世纪的小说家就是要设法描写自由的意识流，比如普鲁斯特的《追忆似水年华》，他以小说的方式表现在心里重现的过去，为此，他创造了回忆过去的艺术方式，创造了通过回忆来展示人生、展示人性的新的方式。

　　小说就是如此。它是对事件和生活的详细记述，是一种感受，关于事件和生活如何表达了他们（和我们）所生存的这个宇宙。从这个审视的角度来看，无论它们如何具体特别，它们都是那一个故事（母题）的反复讲述。但是，紧接着一个可能的危险是，如果所有的故事都是那个原型小说的一部分，那么，只要你读过一个，就等于全部读过了。不，情况并非如此。你可能已经读过百来本小说，体验过所有有趣和呆板的角色，记住了所有的叙事技巧，不过，你还是未览全貌。总会有另一个小说家，然后又一个，然后再一个，他们会写出某些你从未读过的东西。这就是小说的最大魅力！

推荐阅读篇目：
《希伯来开辟神话》

语法1

语素和词

语素是语言中最小的音义结合体,现代汉语的语素绝大部分是单音节的,如"天、地、日、月"等;也有双音节的,如"跑步、咖啡"等;还有三个或三个以上音节的,如"的确良、哈根达斯"。双音节语素有一部分是从外语借来的,三音节以上的语素基本是从外语借来的。

比语素高一级的语言单位是词,词是造句的单位,语素是构词的单位,语素列入句子中的时候,成了句子的成分,有的仍保持着独立的资格,有的却不然,和别的字互相拼合,另成一个意义了。例如,一个"比"字,单独写在这里意义就不明确,要和别的字拼合,放到句子当中去,才显出一定的意义来。

1.两只小鸟,一会儿高飞,一会儿俯冲,接着就比翼双飞了。

2.我跟你比一比个子,看谁长得更快。

3.坚持跳绳一年多,我的身体比过去更结实了。

4.主队以3:1大胜客队。

5.他比了比手势让我进去。

6.我把祖国比作母亲。

文章是由句结成的,句是由词结成的,词可以是一个单字,也可以是几个单字,一个单字并不一定就是一个词。语法所讨论的是字与词的法则,字和词的区别是先得分辨清楚的,古汉语演变到现代汉语,最需要注意的特点是古汉语的单音节字发展演变为现代汉语的双音节词。比如,"妻子",古汉语是指妻子和孩子,现代汉语就是妻子一人。

练一练

1.试着辨认下面各词的意义

事实　　事例　　事情

管束　　制止　　监管

扰乱　　捣乱　　冲突

2.把下列各单字，单用或者和别的字拼合起来，造各种句子，使它们的意义确定

算　头　分　学　安

叙事写作任务1

你一周的时间是如何安排的？请选取其中的一天，把它写下来，要求有条理、有详略。

导读2

小说的艺术表现

中国是一个诗歌大国,相对于欧洲文学、印度文学,中国古代叙事文学发展显得迟缓,中国人的叙事才能在很长时间里表现在历史著作中,左丘明的《左传》、司马迁的《史记》、陈寿的《三国志》等,都有很强的文学性。除了历史叙事之外,晋代以后,出现了志人和志怪小说,篇幅都很短小,如实记录所见所闻,虽然缺少有意识的虚构,但还是有不自觉的艺术加工,离文学也很近。先秦诸子中的寓言,可以看作是中国小说的胚胎、萌芽。

篇幅短小的志人小说不追求完整的故事,更不追求曲折的情节,而要写出人物与众不同的个性。因为它记录的是真人,目的是表现人物个性的特殊性,这一点与史传相同。因此中国古代小说的一个最大的、最显著的特点是人物塑造重于故事叙述。比如《世说新语》中的这段文字:

陈太丘与友期行。期日中,过中不至,太丘舍去,去后乃至。 元方时年七岁,门外戏。客问元方:"尊君在不?"答曰:"待君久,不至,已去。"友人便怒:"非人哉!与人期行,相委而去。"元方曰:"君与家君期日中。日中不至,则是无信;对子骂父,则是无礼。"友人惭,下车引之。元方入门不顾。

故事甚至没有完整的情节,但人物性格十分鲜明,体现在元方与友人的三句对话之中。第一句"待君久,不至,已去"。这是针对友人的问话而答的。先说"待君久""不至",再说"已去",把父亲的"去"与"待君久"和友人的"不至"联系起来。为后面批驳友人的怒斥做了准备,而且话中有话。第二、三两句是对友人无理怒斥的反驳。守信还是失信,关键在于"期日中","日中不至",当然就是失信了,抓住实质,击中要害,使友人失去辩驳的根据。第三句"对子骂父,则是无礼"。在指出友人"无信"的基础上,又指出友人"无礼"。因此,虽然只有短短几句,但是可以看出元方聪颖仁慧、知书达理。《世说新语》是笔记小说,篇幅短小,它写人只是写人的一件事,写他某一点,某个特别的地方。这样,它就必须捕捉这个人与众不同之处,并且找到把这种与众不同之处表现出来的手段。

随着小说艺术的发展成熟,到宋、元、明三代,民间叙事文学,如"说话""讲史"之类,篇幅大大扩展了,许多作者仍然把人物塑造置于情节结构之上。这样的做法表明,当时的艺人和作者,不是很注意小说的整体结构,创作构思的中心在于人物塑造，把注意力集中在人物形象描写上。听众到书场里是来听故事的，回家时脑子里盘旋的则是人物，是人物的种种言行、品质。苏轼的《志林》，记载了小孩子听说"三国"，听到刘玄德失败就皱眉头、流眼泪，听到曹操失败，就高兴鼓掌。这是因为小说把接受者的兴趣聚焦到人物身上，这也是中国古典小说在人物塑造上的魅力之所在！

小说史上人物形象的塑造，有从单纯、单一到丰满、复杂的发展历程。《三国演义》的立场是尊刘抑曹，小说里的曹操是一个奸雄，却也写出了他的很多长处，如唯才是举，从容大气。《水浒传》中"及时雨会神行太保，黑旋风斗浪里白条"是李逵的"出场戏"，要写出他的性急和耿直，写法上有对上述传统的继承，当然更有创新，它是用对比，用人物有一次不讲诚信来反衬他的一贯诚信。具体来说，古典小说人物塑造之所以成功主要在于两点：一是选择恰当的细节，突出人物的鲜明个性；二是从反面着笔，用于人物主导性格相反的言行，突出人物的性格特点。

推荐阅读篇目：

《景阳冈》（《水浒传》节选）/

《桃园结义》（《三国演义》节选）

词的种类

词按照语法功能的区别,可分实词和虚词两大类。**实词**:表示实在意义,能作短语或句子的成分,一般能独立成句。实词包括名词、动词、形容词、数词、量词、代词。**虚词**:一般不表示实在的意义,基本用途是表示语法关系,虚词包括副词、介词、连词、助词、叹词和拟声词。

一、实词

①**名词**:表人和事物的名称,如表人和事物的名称"米""水""计算机";专用名词"北京""李白",时间名词"傍晚""上午",方位名词"前面""后边""中间",还有表抽象事物名称的抽象名词"范畴""速度""爱情""方法"等。

②**动词**:表人或事物的动作、行为、发展、变化,如"来""跑""学习""起飞""认识""变化""消失""存在""使""让"等,同学们需要引起注意的是句子中表判断的动词如"是",和表能够、愿意的能愿动词如"能""会""应该""愿意""可能""必须"等。

③**形容词**:表人或事物的形状、样式、性质,如"高""胖""美""甜""好""奢侈"等。

④**数词**:表人或事物数目的词,如"十""亿""半""一些""第一""老九""七成"等。

⑤**量词**:表人、事物的单位或动作、行为的单位的词,如"张""支""吨""次""趟"等。

⑥**代词**:起代替或指示作用的词。表人称代词的如"我""咱们""人家";表指示代词的,如"这""那样";和表疑问的代词如"谁""什么""哪里"等。

二、虚词

①**副词**:表示行为、动作或性质的程度、范围、时间、频率、情势、语气等,比如"都""全""不""恰好""很""仿佛""可"。

②**连词**:用来连接词、短语或句子的词,如"和""或""及""因为""甚至""如果"等。

③**介词**:经常用在名词、代词等前面,表示动作、行为、性状的起止、方向、处所、目的等,如"按照""到""比""除了"等。

④**助词**：附着在实词、短语或句子上面，起辅助作用的词，如"的""地""得""着""了""过""吗""呢"等。

⑤**叹词**：表示感叹、呼唤、应答等声音的词，如"啊""嗨""嗯""哎呀"等。

⑥**拟声词**：模拟人或事物的声音的词，如"呼呼""轰隆隆""呜""啾啾"等。

词汇是语言的建筑材料，没有词汇就没有语言，就一种语言来讲，它的词汇越丰富发达，它本身也就越丰富发达，表现力也就越强。

请同学们认真阅读下面这些句子，试着分辨词语的类别：

①他为人不错，行为端正。

②这顿饭没菜。

③他俩明晚办事，请吃喜糖。

④生活中挑战和机遇同在。

⑤这种办法既卫生又方便，深受群众喜爱。

⑥我们加强了交通安全的宣传与教育。

任何词语都是在一定的语境中运用的，语境和词语的分类有十分密切的关系，任何词义都必须在一定的语境中才能得到实现，因此，判断词语的分类要注意结合具体的语境，在具体的语境中去判断和分析。

下面是今人根据李商隐《夜雨寄北》写成的新诗，请同学们试着分辨词语类别。

会有一天，我跟你说起今夜的雨，

弥漫的水汽，浸润了远来的家书。

窗外的池塘，秋水涨满，

我在想，你是怎样写下了我的称呼。

故乡好远，阻隔着千山万水，

归期迷茫，日日在手指间飘忽。

离人的思念，就像那红烛的芯子，

刚刚剪去，又悄悄长出。

好在啊，好在还有记忆中西窗的烛光，

它摇曳在眼前，摇曳在今夜的巴蜀。

练一练

1.指出下列词语的种类

书　你　这个　那个　此　答复　球

生活　批评　知识　生　火车　试试　糖

2.指出下面句子中词语的种类

他是中国人民的代表。

这句话是风趣的。

十寸为一尺，十尺为一丈。

叙事写作任务2

请从下面几句话中选择其中一句描写一个场景，要求有人物描写和环境描写。

①春天的森林很童话。

②夜晚的街道很京都。

③阳光下的喷泉很巴黎。

④这首音乐很维也纳。

⑤雾中的伦敦很推理。

导读3

《中国古典小说的人物塑造》之一

英国小说家福斯特在《小说面面观》一书中有关于"圆形人物"和"扁平人物"的说法。所谓"扁平人物",是指用单独一句话就能形容其性格的、读者很容易记住的人物,是指性格缺少变化、缺少形成与发展过程的人物。很多人据此认为,扁平人物在艺术上就是不好的、失败的。其实不然,中国古代有不少优秀的小说人物塑造,《三国演义》《水浒传》《西游记》里的人物,如张飞、关羽、诸葛亮、李逵、猪八戒、孙悟空等,应该都属于扁平人物的类型,这些人物的性格特点被历代的人们当作人的某一特别的长处或短处的代称,成为一种"共名",这类扁平人物也是有生命力的。因此,从实际生活中提炼出人物的某种性格特征,给以生动的表现,虽然较为单纯和单一,属于扁平人物,但是也具有很高的审美价值。

中国戏曲使用脸谱由来已久,宋元杂剧中演员化妆就有"涂脸"。戏曲用这种方法给人物做"记号",除了表明他的身份、地位之外,更重要的是表明他的性格,并加上一种道德的、价值的判断:善恶好坏,从脸上看就看出来了。中国的大部分小说,特别是《三国演义》,采取的也是这样一种描写人物的方法,用现代的说法,这种方法叫作类型化的方法,就是上文引用福斯特所说的"扁平人物"。《三国演义》中的人物类型可以按照忠、奸划分为两大类,也可以按照不同身份划分出武将、谋臣、昏主、仁君等若干类。仁君的代表是刘备,他能成为蜀方之主,靠的是他的"宽仁长厚""爱民如子"。三让徐州,是唯恐陷于不义;不取荆州,是不忍作负义之事;不肯即皇位,是不为不忠不孝之人。忠义的化身是关羽,他"义不负心,忠不顾死"。屯土山约三事,降汉不降曹;封金挂印,千里寻主,志不可辱;华容道义释曹操,宁弃盖世之功,冒杀身之罪,而报故旧之恩;他败走麦城,拒降东吴,死后仍"显圣护民",扼死吕蒙。宋代封他为"义勇王",明清两代则封他为"关圣大帝",人物的类型化在这个"神化"过程中发挥了很大的作用。

《三国演义》源自讲史,人物的活动是一步步展开的,性格也是逐渐形成的,但作者的眼光却是由后看前,最后的表现决定了加在他头上的标签,所以性格是一出场就决定了的。但是作品中曹操的形象比较特殊,还保持了性格的复杂性。《三国演义》的立场是尊刘抑曹,美化刘备而贬低曹操,小说里的曹操是一个奸雄,却也写出了他的许多好处，如唯才是举，力排众议，选拔有才华有能力的人，不追究在他危急关头暗中交织对手袁绍的那些部下。我们来比较小说中二者的区别：刘备称帝之前，早就想做皇帝了，他有两个儿子，一名封，一名禅，合起来为封禅，即天子祭天地之礼，曹操却未见想做皇帝之意，他自己说，如果天下没有他，不知几人称帝、几人称王，这不是空话，称帝的袁术就是被曹操灭了；此外终曹操之身，并无称帝者，他自己更未称帝。所谓三国是曹操死后才出现的，首先篡位称帝的是曹操的儿子，但并不是曹操。其次，曹操覆荫过刘备，后来又覆荫过关羽，虽地位使然，然识英雄于未遇时，或成人之美，亦非易事。曹操是实干家，曾行刺董卓，矫诏聚诸侯讨董卓，当然他还是卓越的军事家，同时，父子三人都是文人熟知的杰出诗人、文学家。因此，我们通过读中国古典小说发现，古典小说写出来的人物虽然是扁平的，但留下了发展、生长、立体化、圆形化的潜在动力，有想象力的人，能够推知他们在别的条件下将会发生的变化。

《西游记》塑造了四个鲜明的人物形象，一心向佛，文雅和善的唐僧，在西行取经过程中，虽然遇到九九八十一难，但始终痴心不改，终于从西天雷音寺取回三十五部真经，最后被封为"旃檀功德佛"。在这个过程中三个弟子发挥了重要的作用：孙悟空嫉恶如仇，不怕苦难，坚韧不拔，英勇无畏；猪八戒性格温和，憨厚单纯，好吃懒做，爱占小便宜，但是对师兄的话言听计从，对师傅忠心耿耿；沙和尚任劳任怨，忠心不二，也是唐僧西天取经路上的保护神。这四个人物形象各有特点，性格各不相同，恰好形成了鲜明的对比。而这几个角色又来自于我国的传统文化当中，代表着我国广大人民的典型性格。孙悟空本为石猴，得日月精华而生，其性格中精明、勇猛、善斗、嫉恶如仇，是中原汉族人性格的反面，而正是这种性格元素的加入，使西天取经有了武力的保证。孙悟空又是现实的，他是生存在真实环境中的一个"圣斗士"，他是善与恶的判官，"火眼金睛"给了他裁判的利器；他是力量型性格的杰出代表，他永远在超越自己的极限，总是能够不屈不挠地实现目标，能够取得较好的结局，这也是后来许多改编的艺术形式想要宣扬的一种精神，电影《大圣归来》就是一个很好的例证。

小说人物类型化的产生更重要的因素是民众的普遍的道德观念和鉴赏心理。适应这种观念和心理，《三国演义》对人物做了很多加工，如关羽降汉不降曹和义释曹操的情节是凭空捏造的，而《西游记》中师徒四人的性格在普通民众心中有很大的认同度，不同的人可能都会在这四个人物身上找到自己性格中的影子。一般人通过文学作品，与其说想了解某个具体人物复杂的内心世界，不如说想知道人类普遍具有的潜能和倾向。从根本上说，人们读小说不是为了了解别人，而是为了了解自己，当然也要满足自己、显示自己。所以，类型化的"扁平人物"的描写方法尽管比较幼稚,却很有魅力,直到现在,通俗文艺作品仍不讳言自己使用的是这样方法,当然前提是,只有生活在民众当中,熟悉民众心理的人,才能熟练地运用这种方法。

推荐阅读篇目:

《杨修之死》(《三国演义》节选)/

《小圣施威降大圣》(《西游记》节选)

语法3

短语

短语是指词或词组合成的比词大、比句子小的语言单位。

一、短语的结构类型

1.并列短语:由两个或两个以上的名词、动词或形容词并列组成,词和词之间是平等的联合,没有轻重主次之分。(并列关系)

如:长江 黄河 调查 研究 万紫千红 丰功伟绩

2.偏正短语:由名词、动词或形容词和在它们前边起修饰限制作用的词组成。(修饰关系)

①由修饰定语和名词中心语组成的。

如:我的老师 一个顾客 黔驴之技

②由修饰状语和动词、形容词组成的。

如:小心翻阅 突然发现 更加坚强 非常壮观

3.动宾短语:由动词和它的宾语组成。宾语在动词之后,是动词的支配成分,表动作行为的对象、结果、处所等。(支配关系)

如:吃晚饭 像珍珠 关心集体 顾全大局 饱经风霜

4.补充短语:由动词或形容词和补语组成。补语在动词或形容词之后,对动词或形容词起补充说明的作用。(补充关系)

①是动补短语,如:看明白 洗干净 做得完 翻了一阵

②是形补短语,如:好许多 傻呆了 绿油油 热得出汗

5.主谓短语:由主语和谓语组成。主语在前,表示陈述对象;谓语在后,表示陈述的内容。(陈述关系)

如:天气好 红旗飘扬 心花怒放 人声嘈杂 今天星期六

6.介宾短语:介词在前,其他词语(主要是名词或代词等短语)在后组成的短语。

如:在中国、对他们、从今年、关于他、向大家、为广大群众

二、短语的功能类型

短语的功能分类是比照词类进行的,采用的名称也是词类的。词组的功能类型主要有:

1.名词性短语：名词性短语的功能与名词相当。

新版教材　高高的个子　祖国的强大　他的微笑

2.动词性短语：动词性短语功能与动词相当。

认真地领会　掌握技术　开始上课　眼泪直流

3.形容词性短语：形容词性短语的功能与形容词相当。

非常冷　耐心而细致　意志坚强　健康长寿

练一练

指出下列短语的短语类型。

健康长寿	秉公办事
接受考验	为了健康而锻炼
努力工作	工作努力
三位学生	又大又圆
去了两次	阳光灿烂
广州人	这儿或那儿
更加坚强	喜欢清静
本末倒置	关于钓鱼岛
听不明白	比前几年
眼保健操	高兴得跳起来
巨浪翻滚	当他来的时候

叙事写作任务3

结合文选《杨修之死》和《小圣施威降大圣》，选择其中的一个角色，设身处地地描述一下杨修或大圣在这种状况下的心理。

《中国古典小说的人物塑造》之二

　　《红楼梦》较之以前的古典名著的一个很大不同点，就是在人物塑造方面更加注重人物的心理刻画，注重人物言行互相影响下的心理冲突及其发展的辩证过程。这一特点在《红楼梦》中的彰显，是抒情传统与叙事传统的一种融合，是通俗文学向高雅文学的提升，也是优秀人文传统向人性世界一次全面深入的拓展。

　　在节选的《林黛玉进贾府》中，黛玉出场先见贾母、王夫人、贾氏三姐妹和王熙凤等，不过在他们眼中点到为止，一直要等到宝玉出场，才出现这一段有名的详细描写：

　　两弯似蹙非蹙笼烟眉，一双似喜非喜含情目。

　　态生两靥之愁，娇袭一身之病。

　　泪光点点，娇喘微微。

　　闲静时如姣花照水，行动处似弱柳扶风。

　　心较比干多一窍，病如西子胜三分。

　　而在这以前，有关宝玉出场的一段详细描写，却出自黛玉眼中，想不到这种现代电影中的交叉切割手法，远在200余年前已见诸《红楼梦》中，令人惊叹不已。

　　无故寻愁觅恨，有时似傻如狂。纵然生得好皮囊，腹内原来草莽。潦倒不通世务，愚顽怕读文章。行为偏僻性乖张，那管世人诽谤！

　　富贵不知乐业，贫穷难耐凄凉。可怜辜负好韶光，于国于家无望。天下无能第一，古今不肖无双。寄言纨袴与膏粱：莫效此儿形状！

　　对黛玉的描写侧重外貌和神态的描写，以形传神；而对宝玉的描写则侧重外貌的穿戴打扮，难以洞悉人物内心的思绪，于是引用后人的《西江月》二词。但是二者描写不同之中的相同点是"有情"，黛玉的描写自不必多说，宝玉的描写中有"虽怒时而若笑，即瞋视而有情""转盼多情，语言常笑""平生万种情思，悉堆眼角"。庚辰本第十九回双行夹注曾引后回"情榜"评曰：

　　宝玉情不情，黛玉情情。

　　正册十二钗始于黛玉和宝钗，这两个自然是与宝玉在情感关系上最深的女子了，但由于难分轩轾，因此册子上把两人合成一幅画，而且在《红楼梦曲子》中第二支《终身误》和第三支《枉凝眉》也同样是薛、林并举,避开了高下的问题。但是从人物描写的视角出发,似乎宝玉之下即是黛玉。

如果要进一步了解人物的形象和性格,还可以从原作中去寻找线索。贾宝玉是赤瑕宫神瑛侍者,林黛玉是绛珠仙子。绛珠仙子本来是一株绛珠草,受神瑛侍者甘露灌溉之恩,脱却草胎木质,修成女体。当神瑛侍者决定下凡,绛珠仙子也打算下世为人,但把一生所有的眼泪还他,也偿还得过他了。脂评中有这样的一段:

以顽石草木为偶,实历尽风月波澜,尝遍情缘滋味,至无可如何,始结此木石因果,以泄胸中抑郁。古人之"一花一石如有意,不语不笑能留人",此之谓耶?

更何况《红楼梦》词曲第二支《终身误》这样点明:

都道是金玉良姻,俺只念木石前盟。

在《红楼梦》大旨谈情的主旋律中,宝、黛、钗构建起的复杂关系是大家谈论得比较多的。从人物上场和缺席中探讨的这种关系,可能会加深我们对这种复杂关系的理解。林黛玉和薛宝钗几乎是同时进入贾府的,但宝玉和黛玉的第一次见面,就有了来自对方视角的细细打量,也在内心深处产生了一见如故的惊奇感,反之,第四回写薛宝钗进贾府后,作者并没有给宝玉和宝钗这样互相对视的机会。即便小说后来写到贾宝玉与薛宝钗见面互视时,他们的注意力显然不在人本身,而被外在的物吸引了,第八回中,薛宝钗注意的是宝玉的佩玉,而且也在有意无意间让贾宝玉对自己的金锁片产生兴趣,人物对外在装饰物的兴趣,反而把人本身置于暗淡中了。

在第九十八回,宝玉在向黛玉倾诉感情时,黛玉已经离去。处于幻觉中的宝玉,把上场的袭人当作黛玉,结果让听闻其言的袭人大惊失色。而黛玉向宝玉真心倾诉时,却是把自己的一腔情感倾诉在宝玉赠予她的手帕中,宝玉也无从知晓。小说的深刻之处在于,他是在梦中才把这一抗争的意思真切表达出来的,当他表达抗争的时候,其直接言说的对象其实都是缺席的,或者是读者无从知晓的。而在梦外的世界里,作者却告诉读者,作为拒斥对象的宝钗是如何在旁边默默地守候着,虽然这种守候曾被林黛玉嘲笑,但林黛玉没有听到宝玉的梦中抗争,也就无法理解这种梦外守候的真正意义。

黛玉咽气前说的"宝玉!宝玉!你好——"半截子话,其真正的意义不仅仅是把她未尽的意思留给旁人去猜测,还是这种突然中断生命的方式,这种看似源于自我却又是自我无法操控的原因,把伴随着人的生命无常的永恒呼喊,投掷在一个有机整体构成的世界表面,一如曹雪芹精心营造的《红楼梦》中人们无法知晓的原因突然中断。假作真时真亦假,在红楼梦的世界里,在红楼之梦的梦里梦外,你读懂了实相还是梦境呢？

推荐阅读篇目：

《林黛玉进贾府》（《红楼梦》第3回节选）/

《苦绛珠魂归离恨天 病神瑛泪洒相思地》（《红楼梦》第98回节选）

语法4

句子的种类

句子是由词或短语构成，带着一定语调，表示相对完整意思的语言使用单位。

（一）根据句子的语气划分，可以分为四类：陈述句、疑问句、祈使句、感叹句。

1．陈述句

叙述或说明事实的具有陈述语调的句子叫陈述句。它有时也带语气词"了、的、呢、罢了、嘛、啊"等。例如：

①今天我去新学校报道了。②你总是很幽默嘛。③今天怎么又下雨了呢。

陈述句有时肯定的意思也可以用"双重否定"来表示。如：

①您不会不喜欢我的。②我们不得不尽最后的努力。

2．疑问句

具有疑问语调表示提问的句子叫疑问句。如：

①你真的是我们的班主任吗？②谁叫他进来的？

3．祈使句

要求对方做或不做某事的句子叫作祈使句。它分为两大类：

一类是命令、禁止。如：

"禁止吸烟！""不许乱说乱动，老实待着！"

一类是请求、劝阻。如：

"您还是走吧，老大爷！""不要再说了，我明白了。"

4．感叹句

带有浓厚的感情的句子叫感叹句。它表示快乐、惊讶、悲哀、愤怒、厌恶、恐惧等浓厚的感情。如：

①这真是太好了！（喜悦）②多可怜的孩子啊！（叹息）③装什么假正经！（鄙视）

（二）根据结构划分句子有单句和复句两种。

1.单句，如：

"太阳出来了"和"你的心境近来似乎很不平静"。

2.复句由若干分句组成，分句可能是主谓句形式，也可能是非主谓句形式，如：

红的花，绿的叶，紫的烟，都是春天的绝美色彩。

打车软件有诸多的好处，方便了市民打车，给出租车司机提供更多的工作机会，为乘客和司机搭建起沟通的平台。

其中，同学们要特别注意区分一些特殊形式的句子，比如句中含有别的句的，如：

"你知道中国最有名的人是谁吗？"

或者是用连续词把两句接成一句的各种变式句式，如：

"价廉且物美""你来或者我去"。

练一练

1.试着依照下面的条件造句。

①肯定的陈述句：

②否定的疑问句：

③肯定的祈使句：

④表达悲哀的感叹句：

2.下列各句中如含有单句，试着摘出来。

①心里总不很明白为什么火车不肯等他两分钟。

②我景仰托尔斯泰，相信人生之美在仁与爱。

③新生活是每一个人每日有一定的工作。

叙事写作任务4

如果让你来给小说续一个结局，林黛玉和贾宝玉的故事最终会是怎样的呢？

导读5

记叙

所谓记叙,亦即叙述、述说,是作者在文章中对人物、事件、场景所作的介绍、说明和交代,是文章写作中使用频率最高的基础表达方法。

叙述有多种类型。从叙述的先后次序上分,有所谓顺叙、倒叙、插叙;从叙述的详略程度上分,有所谓概叙、细叙;从叙述的线索关系上分,有所谓合叙、分叙。我们重点介绍顺叙、倒叙和插叙。

顺叙是依循事件发生、发展、变化等过程的自然时序而进行的叙述。顺叙的长处是从头到尾,次第井然,便于组织材料,容易贯通文理,和读者的接受心理亦更为贴近合拍。

倒叙就是将事件的结局或高潮提前,然后再依自然时序而进行的叙述。倒叙的优点是以其突发性造成对读者的强刺激,以撩人的悬念吸引人们阅读的兴趣,使文章开卷生"波",因而历来都受到众多作家的青睐。

插叙是暂时中断原叙述线索而插入另一事件的介绍、交代的叙述。这种插叙的好处是在突出叙述主线的同时,顺便把一些次要的事实或事件做了叙述,使主次交叉,叙述容量加大,这种插叙有点像电影画面的"切入"与"化出",适当运用能使文章有断有续、有张有弛,在结构上富于变化。

下面讲讲叙述人称的问题。任何叙述,都有一个叙述的主体(即叙述人)。这个叙述主体,细细推究,实质上都不过是作者自我或作者假托于"我"的那个人物。第一人称起源很早,人们讲故事多半会使用第一人称,由讲述者叙述他看到的、听到的一件有趣的事情。后来的作家依然愿意采用这种叙述角度,因为它便于把叙述、描写和抒情、议论相结合,在情节推进和场面转换上较为自由。鲁迅的《祝福》《在酒楼上》等许多现代小说都是用第一人称,中长篇小说也有不少,普希金的中篇小说《上尉的女儿》、夏洛蒂·勃朗特的《简·爱》和狄更斯的《大卫·科波菲尔》以及中国当代作家余华的《活着》等长篇小说都是用第一人称。书信体是变相的第一人称,歌德的《少年维特之烦恼》就是由将近100封书信构成,主人公讲述自己的爱情,打动了不同时代不同国度千千万万的读者。

推荐阅读篇目:

《孤独的狼》[俄国]屠格涅夫/《变色龙》[俄国]契诃夫

语法5

句子的主要成分和附加成分

句子成分标示符号：

主语＿＿ 谓语＿＿ 宾语＿＿ 定语（ ） 状语[ ] 补语〈 〉

在划分句子的结构时可以用‖隔开主谓部分，单句（主谓句）语法成分的一般位置：

（定语）主语‖ [状语]谓语 （定语）宾语

1．主语

主语是句子陈述的对象，一般位于句首，回答"谁"或"什么"等问题。主语可分为名词性主语和谓词性主语。名词性主语由名词性成分充当，包括名词、数词、名词性的代词和名词性短语等，多指人或事物。例如：

①萝卜青菜各有所爱。

②8是很多人喜欢的幸运数字。

③我们‖打算今天去郊游。（代词）

④他说的‖是标准的普通话。（"的"字短语）

谓词性主语由谓词性词语充当，谓词性词语包括动词、形容词、动词性短语、形容词性短语等。这样的主语是把动作、性状或事情作为陈述的对象。例如：

①笑‖是具有多重意义的语言。（动词）

②整齐‖比不整齐好。（形容词）

③报道非常精彩！（动词）

④兴趣和热爱是引导有运动天赋的青少年投身于滑雪运动的关键性因素。（名词性短语）

此外，主语还可以有主谓短语充当。例如：

①他不参加‖是个好事。

②老年人上大学‖已经不新鲜了。

2．谓语

谓语是陈述主语的，一般用来回答主语"怎么样"或"是什么"等问题。谓语通常由谓词性词语充当。例如：

①你们‖出来吧！（动词） ②太阳‖红艳艳的。（形容词）

主谓短语作谓语是汉语的一大特色,例如:

"他头脑冷静"。

3. 宾语

宾语是动作行为所支配和关涉的对象,宾语必须依托动词性谓语中心词存在。例如:

①他有两个妹妹。（名词）②请你转告他。（代词）③运动场有200平方米。（数量短语）

有时,宾语也可以由谓词性成分或主谓短语充当。例如:

①家长们纷纷送孩子入校。（动词）②小朋友等着听她唱歌。（动宾短语）

4. 定语（常用标志词：的）

定语是名词性短语里中心语前面的修饰语,在句中多用来对主语或宾语起描写和限制作用。(往往有"的"字作为标志)此类定语多由形容词性成分充当,例如:

"雄伟的长城、绿油油的庄稼、温馨的家园"。

限制性定语的作用主要是给事物分类或划定范围,使语言更加准确严密。这种定语越多,中心语所指的人或事物的范围就越小。一般来说,名词性词语、动词性词语和区别词都可以表限制。例如:

"颐和园的湖光山色、冬季的阳光"。

5. 状语（常用标志词：地）

状语是谓词性短语里中心语前面的修饰语,在句中也多用来修饰谓语中心语。

①他[紧]跟队伍。②这件事[一定][要]搞它一个一清二楚。

6. 补语（常用标志词：得）

补语是动词、形容词性短语里中心语后面的补充成分。

①结果补语。表示动作行为产生的结果,与动作行为有因果联系。如:他把眼睛都哭〈肿〉了。虫子把树叶吃〈光〉了。

②程度补语。这类较少,仅限于"极、很"等。如:这天气热〈死〉了。这孩子痛快〈极〉了。

③状态补语。表示由于动作、性状而呈现出来的状态,使用"得"作标志。如:他紧张得〈心都蹦出来了〉。风景美得〈让人沉醉〉。

分析句子是为了弄清楚句子的结构,搞清楚词语之间的关系,了解各个成分、各种句型及其表意作用。这可以帮助我们正确地理解句子的意思,提高辨认句子正误的能力,自觉地运用各种语法结构来表达思想感情,同时,语法分析对于训练同学们的逻辑思维能力,也能起积极的作用。

练一练

划分下列句子的成分。

①老王的表哥昨天吃了三次药。

②今天下午，我们在教室里开会。

③同学们高兴得跳起舞来。

④父母总是期望子女健康、顺利地成长。

叙事写作任务5

如果迪士尼找你来拍一部电影，你会选择什么样的一个角色？你的角色是怎样的人？想给读者怎样的第一印象？试着找一个人物来形容。

导读6

场景描写

　　所谓描写,亦即描绘、摹写,是对人物、景物(环境)所进行的具体而生动的描摹、刻画。描写也有多种类型,从描写的对象上分有人物描写、环境描写;从描写的角度上看,有正面描写、侧面描写;从描写的手法上说有细描、白描。

　　描写只是记叙的精深一步功夫,描写的对象也是事物,离开了事物就无所谓描写。我们不妨把图画作为比喻,通常的记叙文好像扫描,可以知道事物的轮廓和解剖,但并不能引起对于那一事物的实感。描写好像是绘画,它也注意到事物的轮廓和解剖,但不仅如此,还得加上烘托或者设色等的手法,而且,用笔的疏密也经过了作者的斟酌,在有些部分只用简单的几笔,而在另外的一些部分又不惮繁复地渲染,看了绘画作品,你能感受到事物的意趣和神采。

　　雪就像银白色的桌巾,覆盖整个海乌姆村(以撒辛格《海乌姆的雪》)

　　火车穿越了长长的边境隧道——那里便是雪国。夜晚被映照成了雪白色。(川端康成《雪国》)

　　树枝空隙间填满了绯红色的落日余晖,一闪一闪的好像教堂中那些色彩斑斓的马赛克窗户。(露西·蒙哥玛丽《红发安妮》)

　　壁炉中的火焰已经熄灭,钟表却还发出滴答声。艾玛隐隐感到吃惊,为何她的心中已是一片翻涌,周遭的事物却依旧如此平静。(福楼拜《包法利夫人》)

　　星空,非常希腊(余光中《重上大度山》)

　　我怀着羞怯的喜悦向一座庄严的房子望去,看到的却是一座黑糊糊的废墟。草坪、庄园全部都荒芜了,大门张着嘴,空空荡荡。房子的正面只有一堵薄墙,没有房顶,全都塌了。(夏洛蒂·勃朗特《简·爱》)

　　走着走着,天色已经黑了,接着,眼前出现的景象,完全出乎父女意料,五颜六色的灯光在他们四周亮起来,天空绽放着令人目不暇接的美丽烟火,瞬间照亮整座森林,也温暖了周围原本冷飕飕的空气,他们来到林荫大道时,看到两旁的雕塑举起火炬替他们照亮前面的路。走进宫殿,从屋顶到地面也是灯火通明,大厅也传来柔和的音乐声。(博蒙夫人《美女与野兽》)

　　沿着小路生长的月桂树、英莲和赤杨树,以及巨大的羊齿植物和野花,在一年的大部分时间里都使旅行者感到目悦神怡。即使在冬天，道路两旁也是美丽的地方，那儿有无数小鸟飞来，在初露于雪层之上的浆果和干草的穗头上啄食。郊外事实上正以其鸟类的丰富多彩而驰名，当迁徙的候鸟在整个春天和秋天蜂拥而至的时候，人们都长途跋涉地来这里观看它们。另有些人来到小溪边捕鱼，这里洁净又清凉的小溪从山中流出，形成绿荫掩映、有鳟鱼生活的池塘。野外一直是这个样子的，直到许多年前的某天，第一批居民来这里建房舍、挖井筑仓，情况才发生变化。

从那时起，一个奇怪的阴影遮盖了这个地区，一切都开始变化。一些不祥的预兆降临到村落里：神秘莫测的疾病袭击了成群的小鸡；牛羊病倒、死亡。到处是死神的幽灵。农夫们述说着他们家庭的多病。城里的医生也越来越为病人中出现的新病感到困惑莫解。（瑞秋·卡森《寂静的春天》）

描写要有足够的填空信息，让读者感觉人就在现场，不仅仅人物才有动作，场景描写也能制造动态。设计独特的场景，增加环境描写的独特性，也会制造独特的故事风格。

推荐阅读篇目：

《一碗清汤荞麦面》[日本]栗良平/
《最后一片叶子》[美国]欧·亨利

语法6

句子的排列顺序

一个完整的句子,它的结构排列是有一定的顺序的。一般来说,主语是事物,谓语和宾语是事物的"怎样"或"是什么"。主语在前,谓语和宾语在后,这是最基本的样式,这个顺序是符合我们的逻辑和说话习惯的,如我们说话的时候,总是心里先浮起一种事物,然后就这事物说它"怎样"或"是什么",句子的成分按照这样的顺序排列,原是很自然的事情。可是,在实际的语言运用和交流中,排列的样式并不是只此一种,很多时候,为了突出或强调,会有意识地改变句子原本的顺序,以求达到某种特殊的表达需要,尤其在小说阅读中更为常见。

我们把句子成分居经常的、一般的位置的句子叫常式句,把句子成分居非经常的、特殊的位置的句子叫变式句,又叫倒装句,这种句子很多,最普通的是下面几种。

（一）宾语（被动词）提前

茶我喝,酒我不喝。

老鼠给猫捉住了。

（二）谓语（动词）提前

怎么了,你?

多乖呀,这个孩子!

（三）形容词提前

红的,黄的,粉的。房后河边上,有许多好看的石子儿。

（四）述语中副词短语提前

许多外国朋友来到中国旅游,从伦敦,从纽约,从巴黎,从世界各地。

变式的句子在表达上往往会取得特殊的表达效果,如宫泽贤治的《银河铁道之夜》中"爵伴尼快活地几乎要跳起来,他轻快的用脚拍着地面,并且从窗子探出头,一面高声地吹着星辰进行曲,一面伸长身体拼命的看着银河的水"。

尝试对杜牧《清明》进行重新组合调整,体会改变句子顺序带来的变化:

清明时节雨,

纷纷路上行人,

欲断魂,

借问酒家何处？

有牧童，

遥指杏花村。

练一练

你能辨析这些句子成分的排列顺序吗？

①一位姑娘走过来买了一杯饮料，短头发，穿红裙子。

②欧式的，一件漂亮的晚礼服！

③真有趣，老师在课上讲的故事。

叙事写作任务6

要求你为"北海亭"面馆写一则广告，图文并茂，要确保能激起看广告人的激情，唤起人们想要来吃面的欲望。

导读7

人物描写

人物描写是描写的重心，一般又分为肖像描写、行动描写、语言描写、心理描写几种。老舍在《骆驼祥子》中这样描写：

他没有什么模样，使他可爱的是脸上的精神。头不很大，圆眼，肉鼻子，两条眉很短很粗，头上永远剃得发亮。腮上没有多余的肉，脖子可是几乎与头一边儿粗；脸上永远红扑扑的，特别亮的是颧骨与右耳之间一块不小的疤——小时候在树下睡觉，被驴啃了一口。

除了"结实硬棒"之外，那块光亮的疤，那使他模样可爱的精神，给人物抹上极富个性色彩的一笔。

比如说一个人"胖得像猪"，具体可感，但太一般。像这样的人物描写是不是更好呢？

她的身体像个浑圆的地球，我可以在她身上找出世界各国来。（莎士比亚《错误的喜剧》）

她的屁股搁在椅子上就像颗气球，胸部和肚皮也膨胀得好像一堆气球，当她站起来的时候，这些气球全不见了，化为一整颗庞大的气球。（高尔基《克里·萨木金的生平》）

她的手指在每节小骨和另一节接合处，都箍一个圈，就像是一串短短的香肠。（莫泊桑《羊脂球》）

她的皮肤始终像雪一样白，嘴唇像雪一样红，头发像檀木一样黑。（格林兄弟《白雪公主》）

我不是一天天消瘦、一天天憔悴了吗？我身上的皮肤宽得像一件老太太的罩衫，我全身皱得像一颗枯瘦的熟苹果。（莎士比亚《亨利四世》）

鼻子就是一条细长香肠般的东西挂在脸中央而已。（芥川龙之介《鼻子》）

她用那像喜马拉雅山圣湖湖水一样清澈的眼睛凝视着他。可是这位永远规规矩矩、冷冷冰冰的绅士，一点也不像是会掉进这湖里的人。（凡尔纳《环游世界八十天》）

描写要有特点，用图像思维，给别人画面感，找看得见的东西，打开影像库，放开相关的连接。

动作描写是用来摹状人物的举止、行为。好的动作描写能带读者进入画面，随着动作，产生意境。

比如唐朝诗人贾岛"鸟宿池边树，僧敲月下门"。

村上春树在领取耶路撒冷文学奖时的名言"如果有高耸坚硬的墙壁和击墙破裂的鸡蛋，我总是站在鸡蛋这一边"。

看到这句话是不是让你内心波澜起伏?他用了两个看得见的东西，另外用了一个"对比"，加上鸡蛋撞击高墙的动感画面，然后他要选择鸡蛋这一边，只有铁石心肠的冷血动物，才不会因此眼眶湿润。所以平常要观察人的动作，动作透露出一个人的想法和行为。动画是用一组画面连续播放，形成画面的动态。所以描写动作通常是一组，跟着一组动作，读的人眼前会出现连续画面，那就从定格的图画变成动画，自然会生动很多，让人记忆深刻。

青春就是用力的奔跑，然后华丽的跌倒。（五月天 阿信）

思念是一种很玄的东西，如影随行，无声又无息地出没在心底，转眼吞没我在寂寞里。（王菲《我愿意》）

期待着一个幸运，和一个冲击，多么奇妙的际遇，翻越过前面山顶，和层层白云，绿光在哪里?（孙燕姿《绿光》）

《三国演义》写关羽斩华雄：

关公曰："酒且斟下，某去便来。"出帐提刀，飞身上马。众诸侯听得关外鼓声大振，喊声大举，如天摧地塌，岩撼山崩，众皆失惊。正欲探听，鸾铃响处，马到中军，云长提华雄之头，掷于地上。其酒尚温。

是不是很过瘾?再看海明威的《老人与海》：

他一看见鲨鱼，就一桨朝它戳去。鲨鱼迅速浮上来，露出脑袋，老人趁它的鼻子伸出水面，接近那条鱼的时候，对准它扁平的脑袋正中刺去。老人拔出刀刃，刺向同一个地方。它咬住了鱼不放，老人一刀戳进它的左眼，再用刀子撬开它的下颚，它才放开马林鱼，沉入海底。

王尔德的《快乐王子》：

小燕子蹑着脚尖，轻轻地从窗口跳了进去，把红宝石放在妇人所使用的顶针旁，然后又绕着床飞到小男孩的身旁，用自己的翅膀轻扇着他的前额。

推荐阅读篇目：

《麦琪的礼物》[美国]欧·亨利/

《项链》[法国]莫泊桑

语法7

修辞手法之比喻

有语言就有修辞活动。所谓"修辞活动"就是运用语言文字的活动,即努力提高语言文字表达效果的活动。在语言文字上运用比较广泛的修辞,包括比喻、拟人、对偶、排比等。学好修辞,既可以提高我们的阅读鉴赏能力,又能提升我们的语言表达效果。

比喻,即表示两种不同程度的事物,彼此之间有相似点,使用一事物来比方另一事物的修辞方法。比喻里被比方的事物叫"本体",用来打比方的事物叫"喻体",连系二者的词语叫"喻词"。本体和喻体必须是性质不同的事物,利用它们之间在某一方面的相似点来打比方,就构成了比喻。

比喻主要可分为三类:明喻、暗喻、借喻。

(1)明喻。本体、喻体都出现,中间用比喻词"像、似、若、仿佛、犹如、宛如、像……一样、仿佛……似的,恰似"等连接。如:

关门声就像打雷般响遍整个屋子。

他以前高贵的心灵和卓越的理智好比一串美妙的铃铛,能奏出非常动听的音乐。

(2)暗喻。本体喻体都出现,中间用比喻词"是、变成、构成了"等连接。例如:

涓滴之水成海洋,颗颗爱心变希望。

理性的东西所以靠得住,正是由于它来源于感性,否则感性的东西就成了无源之水,无本之木,而只是主观自生的靠不住的东西了。

暗喻不用"像、如"一类的词,实际上比起明喻来,本体和喻体的关系更为紧密。这种比喻直接指出本体就是(或成为)喻体,所以相似点也得到了更多的强调。

(3)借喻。不出现本体和比喻词,直接叙述喻体。例如:

他想吃天鹅肉哩。

你不要戴了有色眼镜看人。

此外,比喻修辞格还有一些灵活用法需注意,如连用几个喻体共同说明一个本体,称为"博喻":

叶子出水很高,像亭亭的舞女的裙。层层的叶子中间,零星地点缀着些白花，有袅娜地开着的，有羞涩地打着朵儿的；正如一粒粒的明珠，又如碧天里的星星，又如刚出浴的美人。

还有一种"回喻"，又名互喻，是一种先用喻体作本体，再用本体作喻体，互相设喻的比喻形式。它曲折有致，能够加强艺术感染力。例如：

远远的街灯明了，/好像是闪着无数的明星。/天上的明星现了，/好像是点着无数的街灯。

钱锺书在《围城》里这样描写苏小姐的脸红：苏小姐双颊涂的淡胭脂下面忽然晕出红来，像纸上沁的油渍，顷刻布到满脸，腼腆得迷人。这个比喻不是比一个固定的事物，而是在比一个变化着的事物，"像纸上沁的油渍，顷刻布到满脸，"作比，很贴切，具有创造性。因此，在日后的阅读和习作中，要多注意揣摩和运用。比喻用得好可以收到形象生动、说理透辟的效果，好的比喻可以让人觉得余味无穷。

练一练

1.仔细研究下面常用的词语和俗语，找出其中暗藏的比喻，并说说这些比喻构造上的特点。你能再补充几组吗？

①铁面　石笋　思潮　法网　母校　蛙泳　心弦　柳絮

②鸭舌帽　猫耳洞　蜂窝煤　蘑菇云　面包车　鹅卵石

③心猿意马　唇枪舌剑　车水马龙　刀子嘴豆腐心

2.赏析下面诗句中运用比喻的表达效果。

在我的河里，河床却已显露，

灼热的爱情之火蒸发着它，

化作一片相思的云雾。

（林子《给他》）

叙事写作任务7

能否为小说《项链》的女主人公骆塞尔太太设计另外一种人生的可能，不慎丢失向朋友借的项链后，她还可以怎么应对？要求符合人物的性格特点，合情合理。

讲故事之因果关系链条

　　故事好看的铁律是冲突、冲突、再冲突。但是每一个冲突必须在同一条河上，就得用"因果关系"。我们可以看巴尔贝·多尔维利作品集注释中的一则传奇：

　　查理曼大帝晚年爱上一个德国姑娘。看到主上如此沉溺于爱的激情，不顾帝皇尊严，且不问国事，宫廷里的侍臣们忧心如焚。姑娘突然死去，侍臣们松了一大口气——可是日子不长，因为查理曼的深情并未随姑娘的去世而消退。皇帝把姑娘做过防腐处理的尸体搬进寝室，并拒绝离开它。图尔平大主教对这种令人悚然的激情感到不安，怀疑皇帝中邪，并坚持要检查尸体。他在姑娘的舌头下找到一枚镶着宝石的指环。指环一落入图尔平手中，查理曼立即热恋大主教，并草草把姑娘埋葬了。为了避免这个难堪的处境，大主教把指环抛入康斯坦茨湖里。查理曼从此爱上那个湖，不愿离开湖岸。

　　每一个情节在好像问题得以解决之后不断出现新的问题，情节紧凑的关键是传奇的另外一条叙述线——那枚神奇的指环，在各个插曲之间建立逻辑上的因果关系，既因为指环的去向决定了人物的去向，也因为指环建立了他们之间的关系。

　　还有我们熟悉的《穿长靴的猫》。一个磨面粉工死后，老大分到磨坊，老二分到驴子，老三呢，只分到一只猫。于是猫让小儿子找一双靴子和袋子，猫穿上靴子，拿上袋子去森林里捕猎，把猎物送到王宫，说是自己的主人拉巴侯爵送的礼物；并打听到国王出门的时间，设计侯爵被抢劫的场景，并收买麦田里割麦子的农民，如果有人问就说这片土地是巴拉侯爵的，于是国王相信小儿子就是侯爵；接着猫又骗取了一座住着恐怖巨人的城堡，告诉国王这是拉巴侯爵的城堡。于是国王便把公主嫁给了拉巴侯爵，从此长靴猫过着快乐的日子。一个因产生下一个果，下一个果又成为下一个因，环环相扣，情节紧凑。

推荐阅读篇目：
《一天的等待》[美国]海明威/
《最后一课》[法国]都德

语法8

修辞之比拟

比拟是把甲事物模拟作乙事物来写的修辞方式。包括把物当作人来写(拟人)、把人当作物来写(拟物)和把此物当作彼物来写(拟物)等几种形式。这种修辞格具有思想的跳跃性,能使读者展开想象的翅膀,捕捉它的意境,体味它的深意,正确地运用比拟,可以使读者不仅对所表达的事物产生鲜明的印象,而且感受到作者对该事物的强烈的感情,从而引起共鸣。

判断下列比拟句的种类:

真理还没穿上靴子,谎言早已跑了半个世界。

他骄傲自满,取得一点成绩,尾巴就翘得跟天一样高。

风雨能摧残樱花,但是顶风冒雪,樱花不是也能舒展笑脸么?

这时,春风送来沁鼻的花香,漫天的星星都在眨眼欢笑,仿佛对张老师那美好的想法给予肯定与鼓励。

岁月让皮肤起皱,放弃理想则让灵魂起皱。

赏析下列流行歌曲歌词使用修辞格后的语言表达效果(有的不止一种):

①落款中署名悔,你伤过谁,不忍看宣纸内,晕开的泪。(《花恋蝶》)

②夜里有风,风里有我,我拥有什么?云跟风说,风跟我说,我能向谁说?(《你是我胸口永远的痛》)

③一盏离愁,孤单伫立在窗口。一壶漂泊,浪迹天涯难入喉。(《东风破》)

④我已剪短我的发,剪断了牵挂,剪一地伤透我的尴尬。(《短发》)

⑤金风送喜来,紫荆花已开,二月大地春雷,锣鼓响起来。(《欢乐中国年》)

⑥长江长城,黄山黄河,在我心中重千斤。(《我的中国心》)

⑦你的手一挥,说要往北飞,爱情被一刀剪碎,我的心一片黑。(《风往北吹》)

比拟和比喻辨析的关键是,比拟是将事物"人化"或者把人"物化",比喻的关键点是重在本体和喻体之间有相似点。另外比喻修辞中的"隐喻",将在经验世界中分属两个不同领域、本来没有直接联系的事物,置于同一语言结构,在寓意深层产生沟通,令我们由此事物理解有内在联系的彼事物,隐喻的重复往往赋予一组事物、一种情境、一串事件以另外的象征意义。因此,在具体的语言赏析中要注重辨析。

练一练

你能从修辞的角度去赏析以下诗句吗?

霜风呼呼地吹着,

月光明明的照着。

我和一株顶高的树并排立着,

却没有靠着。

（沈尹默《月夜》）

叙事写作任务8

你的生活中是否有《一天的等待》中"他"和《最后一课》中小弗朗士的经历? 尝试创作难忘的一个瞬间或者一个事件。

导读9

讲故事的人称和视角

一般说来,小说一开始,就要给自己找一个叙述的身份和位置,选择好叙述角度后,才确定用何种人称讲述故事。比较常见的叙述人称有第一和第三人称。

第一人称一般是有限视角,即使"我"在场,除"我"之外的人物内心活动,也不能直接写,只能通过人物的行动、言语、表情等间接表现。例如,鲁迅的《孔乙己》,小说通过小学徒"我"的眼光看孔乙己和其他人物的表演,从而展现世态的炎凉,孔乙己命运的可悲。第一人称叙述中,"我"不是作者,只是小说中的一个角色,没有特殊性。安排一个"我"做目击者,这就比用第三人称更为真实地揭示人物性格遭际命运。因此,第一人称视角能拉近与读者的距离,同时便于抒发感情。

第三人称通常为全知视角,叙述者不但了解小说里全部细节的发展,而且了解小说中所有人物的心理动态,就连两个人之间的悄悄话,叙述者也知道。它的最大优点是比第一人称和第二人称在叙事方面都更方便,无所不知,全知全能;不受时空限制,叙述自由灵活,客观直接地展现丰富多彩的生活。

为了克服不同叙述人称各自的缺点,现代小说家们逐渐摸索出更巧妙的写法。比如,在使用第三人称叙述时,并不采用全知视角,而是故意采用有限视角。叙述者只对某个人物无所不知,而对其他人物却并不了解。海明威的《桥边的老人》中,尽管开始也是运用第三人称,叙述者却对一切都装作不知,这个旁观者与读者差不多,等待着人物的"下一步"。

另外,特别需要注意的是,叙述视角不等于叙述人称。有时,人称不变,但人物视角却变化了。例如,《水浒传》第8回末至第9回开头"鲁智深大闹野猪林":

话说当时薛霸双手举起棍来,望林冲脑袋上便劈下来。说时迟,那时快,薛霸的棍恰举起来,只见松树背后雷鸣也似的一声,那条铁禅杖飞将起来,把这水火棍一隔,丢去九霄云外,跳出一个胖大和尚来。喝道:"洒家在林子里听你多时。"两个公人看那和尚时,穿一领皂布直裰、跨一口戒刀,提禅杖,抢起来打两个公人。

这段描写中,作者的叙述视角并没有改变,还是第三人称,但小说中的人物叙述视角却发生变化,鲁智深大闹野猪林,完全是两个公人眼中看出:先写自己水火棍被物隔去,再写一条禅杖飞到。

推荐阅读篇目：

《宽容》序言[美国]房龙/

《昨日的世界》（节选)[奥]斯蒂芬·茨威格

语法9

语言的多义性

阅读教育专家古德门提出阅读是一个"心理语言猜谜游戏",认为阅读的过程并不仅仅是译注文字密码,更重要的是理解该文字在特殊文化环境中的独特含义。我国语言学家王力先生说过一句经典的话:"西洋的语言是法治的,中国的语言是人治的。""人治"的语言注重的是人对语言的体验、领悟与心理建构。黎锦熙在《新著国语文法》中也曾经说过,中国的文法特质在于"国语底用词组句,偏重心理,略于形式"。这可以说是对汉语文本性的深刻把握。

《韩非子·外储说左(上)》记载了这样一个有趣的故事:

"郑县人卜子,使其妻为裤。其妻问曰:'今裤如何?'夫曰:'像吾故裤。'妻因毁新,令如故裤。"

何谓"故裤"?既澄明又遮蔽,两人解释各异。妻子认为丈夫要的是旧裤子,而丈夫指的只是尺寸、式样照旧。由于语言的双重特征,以及语言的任意性与差异性原则,歧义就不可避免。

在阅读中同学们要注意"双关"这种修辞格,很多时候,作者会利用语言和语义条件,有意使语句同时关顾表面和内里两种意思,言在此而意在彼。比如,古典诗词经常出现的谐音双关"东边日出西边雨,道是无晴却有晴""低头弄莲子,莲子清如水";还有广告语中经常出现语义双关的例子,如"专食人间烟火"(油烟机)、"人类失去联想,世界将会怎样?"(联想电脑)、"我很土,但是我很营养"(土鸡蛋)等。

在文学作品的阅读中,还要注意"象征"手法的运用,我们往往会有相同的经验:由太阳想到春天,想到驱散黑暗与死亡;鸽子象征和平与安宁;杨柳象征离别与相思。这种在传统文化中约定俗成的、读者都明白何所指的象征指义性比较明确,只要具备了一定的文化积累,便不难解读。

顾城最负盛名的诗作,也是朦胧诗的经典之作《一代人》:

黑夜给了我黑色的眼睛

我却用它寻找光明

浓重的黑色背景,凸显一双不同寻常的"黑色的眼睛",犹如乌云的缝隙中撕裂而出的一束白光。整首诗宛如一幅立体感的黑白木刻画:"黑夜—眼睛—光明"

一个简单的意象群落构成了一个开放的时空。"黑夜"与"光明"形成暗色与亮色的鲜明反差,使我们想象到文明与愚昧的较量,进步与落后的厮杀,预示着社会的脚步。有限中表现出无限,单纯中蕴含着深厚,使这首诗成为整整"一代人"的雕像。这就需要意象具有高度概括性和浓缩力,为了达到这一效果,他成功地运用了象征手法,言简意赅。相对于《悬崖边的树》,顾城的《一代人》的象征意象与象征所指示的意蕴之间不是简单的固定替代,而是将创作意图隐藏得很深,这是象征的艺术效果。

练一练

请尝试分析诗人梁小斌的作品《中国,我的钥匙丢了》要表达的内涵是什么。

中国,我的钥匙丢了。
那是十多年前,
我沿着红色大街疯狂地奔跑,
我跑到了郊外的荒野上欢叫,
后来,
我的钥匙丢了。

心灵,苦难的心灵,
不愿再流浪了,
我想回家,
打开抽屉,翻一翻我儿童时代的画片,
还看一看那夹在书页里的
翠绿的三叶草。

而且,
我还想打开书橱,
取出一本《海涅歌谣》,
我要去约会,
我向她举起这本书,
作为我向蓝天发出的
爱情的信号。

这一切，

这美好的一切都无法办到，

中国，我的钥匙丢了。

叙事写作任务9

尝试以下面两句话作为开头，构思一个故事：

①每个人都是月亮，总有一个阴暗面，从来不让人看见。——马克·吐温

②我们的地球给我们一个可爱的错觉，这就是每个人都站在世界之巅。——
爱默生

导读10

讲故事的节奏和顺序

　　故事总是在一定的时间里发生的,又在一定的时间里被讲述;是按一定的先后次序发生的,又被用一定的次序讲述。两种时间,两种时速、时距和时序密切相关,却不会完全重合。

　　在实际生活中,时间是一种财富形式,对它,我们个个都吝惜极了;在文学作品中,时间也是一种财富形式,可它是要被悠闲地花费、淡定地消遣的,它是快速叙事。德·昆西是这样描写深夜坐在快递邮车车厢上的旅行:

　　用人类所有精确度计算,在他们与永生之间,只差一分半钟。

　　他不由得大叫一声:

　　我踏出第一步,第二步由那青年完成,第三步交给上帝。

　　事实上,在那条笔直的哥特式教堂长廊的林荫大道上,他见到一辆"破损、脆弱的两轮马车",马车上坐着一对年轻夫妇,正以一英里的时速徐徐前进。

　　另一种是慢速叙事。也就是说,实际在短时间里发生的故事,作家用长时间来叙述。乔伊斯的《尤利西斯》描写的是1904年6月16日早晨8点开始到午夜的18个小时,18个小时是故事的时间长度,那么叙述时间呢?译成中文的小说文稿却有一百万字。列夫·托尔斯泰的《安娜·卡列尼娜》写赛马一段,同样也是用了慢速叙事。

　　渥伦斯基一只脚触着了地面,他的马向那只脚上倒下去。他刚来得及抽出了那只脚,它就横倒下来了,痛苦地喘着气,它那细长的、浸满了汗的脖颈极力扭动着想要站起来,但是站不起来,它好像一只被击落了的鸟一样在他脚旁的地面上挣扎。渥伦斯基做的笨拙动作把它的脊骨折断了。但是这一点他是很久以后才知道。那时,他只知道马霍京跑过去很远了,而他却一个人蹒跚地站立在泥泞的、不动的地面上,佛洛佛洛躺在他面前喘着,弯过头来,用它的美丽的眼睛瞪着他。

　　托尔斯泰把赛马写完之后,隔了不短的篇幅,再慢慢从头写安娜夫妇来到现场观看。可以说,这个场面本来就是为安娜写的,但在正面写的时候,完全不涉及安娜一个字。安娜的失态是整个长篇的重头戏,她在整个彼得堡上流社会当众暴露了对渥伦斯基无法掩饰的炽烈的爱情。为了给人物的心理转折提供依据,赛马必须慢速叙事,很详尽地从容地写出渥伦斯基怎样跌下马来,读者后面就能够读懂安娜观看赛马时的心态、神情,能够理解她的每一秒钟都在变化着的反应。

除控制叙事速度外,还要安排好叙事顺序。热奈特说从中间开始,接着是解释性的回顾,这是史诗的基本手法。契诃夫讲他的短篇写作的经验,也说要多从事件的中间写起。马尔克斯的《百年孤独》的开头是:"多年以后,奥雷连诺上校站在行刑队面前,准会想起父亲带他去参观冰块的那个遥远的下午。"第一句就是从中间写起,这种手法被不少作家所模仿。既然要从中间写起,那么倒叙、插叙和补叙会被经常用到。

推荐阅读篇目:

《弗兰肯斯坦》(节选)[英国]玛丽·雪莱/

《月亮和六便士》(节选)[英国]毛姆

语法10

语境义

关于语境,通常有两种理解:一是上下文关系;二是语言交际过程中的社会环境、场合、对象、时间和主题等。前者称为内部语境,后者为外部语境。意大利著名学者翁贝多·艾柯所谓"文本的意图",不仅涵盖了两方面的因素,而且有更周详细致的考虑。首先,"文本"不是一客观、自足、凝固的存在,而是活动的、开放的,其建构与塑形同读者、作者以及社会现实等各方面因素密切相关。其次,文本的意图,据艾柯所言,是读者站在自己的位置上推测出来的。这一推测过程,既要考虑文本的连贯性,又要尊重作者所处时代的语言背景与社会环境。所以,文本意图与读者意图之间,作品与文化习俗之间,始终是动态、辩证、互动的关系。艾柯用"诠释学循环"来形容这一复杂的现象,"文本不只是一个用以判断诠释合法性的工具",同时又是"诠释在论证自己合法性的过程中逐渐建立起来的一个客体"。

在口语或书面交际过程中,一方面因语言符号的有限性、抽象性与表达内容的具体性、无限丰富性之间存在着难以克服的矛盾而感到"言不尽意";另一方面,又要尽量避免说写的唠叨和过于直露而不宜把意思都说满、把句子结构都说全,故总得留下一些语义空白让对方根据场景所提供的线索去补充。这两方面都要求说话人善于借助交际场景中那些具有语义指向作用的非语言因素作为补充手段,把所要表达的意思完整地传达给对方,使有限的语言符号能适应话语无限的交际需要。让我们来剖析一个现实生活中最浅显的例子,看看"义境"是怎么融合的。

美国第28任总统威尔逊在担任新泽西州州长期间,他的一位好友、该州财政部长詹姆斯突然去世。就在威尔逊极为震惊和悲痛之时,一位政界人士打来电话说:"州长先生,我希望接替詹姆斯的位置。"威尔逊对此人迫不及待的态度极为不快,但他强压住心中的怒火,平静地说:"没问题。如果殡仪馆同意的话,我本人是完全同意的!"

你能体会故事中威尔逊这段话所产生的幽默讽刺的效果吗?

练一练

查《现代汉语词典》"意思"有以下义项：①语言文字的意义，思想内容②意见，愿望。③指礼品所代表的心意。④某种趋势或苗头。⑤情趣，趣味。你能根据语境来判断下文中"意思"的义项吗？

他说："她这人真有意思。"她说："他这人怪有意思。"于是，有人断言，她和他有了意思，并要他赶快意思意思。他火了，说："我根本没那意思！"她生气了，问："你们这样胡扯是什么意思？"说的人有点不好意思，便解释说这纯属开玩笑，并没有别的意思。事后，有人说"真有意思"，也有人说"真没意思"。

叙事写作任务10

给故事写"续集"或者写"前传"都可能写出更精彩的新故事，你愿意尝试一下吗？选择我们学习过的小说文本来试一试。

综合课程活动设计

在美国课堂上，几乎不存在所谓的"语文教材"，反而是一本本生动活泼的小说。为什么呢？美国佛罗里达大学附属中学的科迪老师和珍老师曾这样解释："我不赞成用课本，是因为要培养学生的阅读能力和欣赏能力，就应该让他们读'真正的书'（realbook），小说能保护青少年幼小的心灵，让他们对社会上的事情有分辨力和批判力，有同情心和多元价值观。"20世纪，叶圣陶、蒋伯潜等现代语文教育先驱，已经开始反思"文选式教科书"的不足，并提出了"整本书阅读"的概念。我们该如何引导学生开展整本书的小说阅读呢？

第一个专题阅读开展"培养说故事的能力——读科幻作品"的类型阅读。书目如《圣经》《伊利亚特》《山海经》《故事新编》《弗兰肯斯坦》《精灵宝钻》《哈利·波特》《霍比特人》《星球大战》《三体》等。作品能引起学生的阅读兴趣，是引导学生去阅读的关键，教师可以在学生阅读小说前和阅读期间唤醒学生的背景知识，并且激发学生对相关主题小说的了解和兴趣，当然这个过程当中，教师教授阅读检测和认知策略是必需的，在课堂教学形式上应注重学生的自主学习和互动学习。学生在书目选择"自主"和"规定"之间的矛盾如何化解？操作性更强的"导读"或许更适合，在书单的基础上加入内容介绍、阅读方法和策略，从"荒野"走向"田野"，对于处在基础阅读阶段的学生而言应该是一件好事，构建一个集"规定阅读"与"自主阅读"于一体的阅读体系，规定作品以适合学生为主要原则，形成"整本书小说阅读"的课程框架。

第二个专题阅读开展"自我成长"阅读小组交流会。书目如下：《少年维特之烦恼》《麦田里的守望者》《牧羊少年奇幻之旅》《杀死一只知更鸟》《马人》《少年迈尔斯的海》《追风筝的人》《绝对小孩》《我在伊朗长大》《喜福会》等。阅读过程中开展跨媒介阅读与学习交流活动，包括电影作品《奇迹男孩》《寻梦奇遇记》《少年派的奇幻旅行》和朱德庸的漫画作品《绝对小孩》。还有音乐作品的拓展阅读和欣赏，以开放的姿态充分激发读者的阅读潜能和兴趣。数字化视听、多媒体交互等现代教学技术，不仅对教学手段和方式的变革产生重大影响，也是伴随着网络逐渐成长起来的学生喜闻乐见的教学辅助手段，在全球化和数字化时代背景下，以兴趣和问题为导向，突出学生阅读的选择性和主体性，在阅读活动中探寻由坚持问题导向、创设真实情境、建构合作关系、实施指导性探究构成的高效阅读方法的获得。

教师在专题阅读中需要提出目标，引导学生深入思考、讨论、交流，起到组织者的作用，并以自己的阅读经验，平等地参与交流、讨论、答疑。另外，学生的阅读评价是一个复杂的问题，必须把握好模糊与清晰、鞭策与鼓励的关系。评价可以从自我、同伴和教师三个维度展开，学生根据阅读计划、个人感受等进行自我评价，同伴根据评价对象的阅读积极性、扎实程度、合作情况等进行客观评价，教师根据课程目标、课堂表现、考核结果等进行综合评价。

学生在完成小说阅读后，最后有个分享交流环节，可以用图画比如思维导图，或者幻灯片展示，甚至可以把作品改编或者写评论性的文章，结合学校的万圣节和圣诞节的活动，开展戏剧表演和角色扮演（cosplay）。对话分享不仅仅是使学生投入一项具体任务的策略，还是带着共同目标，借助各种"媒介"，调动各种资源，通过协作、倾听、理解、尊重、包容而实施的学习过程。学生在"关于自我成长"的主题读书讨论和分享中，感悟生命，体验成长，拥有多元开放的文化视野，学会宽容地理解他人和世界，逐步形成核心价值观。对所学知识的运用能力，强调独立思考、分析问题和解决问题、交流与合作等是学生适应未来不断变化和发展的社会至关重要的能力。

培养学生阅读古今中外各类小说的兴趣，使其从优秀的小说中汲取思想、感情和艺术的营养，丰富、深化对历史、社会和人生的认识，提高文学修养。《绿野仙踪》里的多萝西是怎样完成她的英雄之旅的呢？为什么柯南·道尔要从华生的角度来讲福尔摩斯的故事呢？《哈利·波特》里的世界与真实的英国社会有哪些不同的地方？阅读一部好的小说，收获的不仅仅是沉浸其中的愉悦感，还是一次探究自我、理解他人、提高创造力和想象力的成长旅程。正像美国畅销书《第56号教室的奇迹》作者雷夫所说的，"阅读不是一门科目，它是生活的基石，是所有和世界接轨的人们乐此不疲的一项活动"。

链接活动设计1：人物传记（历史舞台剧）

哈佛大学有一个著名的"五英尺书架"计划（Five-FootBook-Shelf），意思是若每天用15分钟阅读经典，四年毕业后所读的书就可以摆满一个五英尺长的书架。提出这一计划的前校长还亲自挑选了50卷必读经典，史称"哈佛经典"。阅读经典并不是浮光掠影般地扫读，更需要通过对整本书进行精读，通过提问、分析、讨论与表达培养独立思考与批判性思维能力。除此之外，阅读人文经典更是对青少年人格形成和个性发展具有重要意义。

历史人物名片1:《民族英雄戚继光》

戚继光,山东蓬莱人,明朝抗倭名将,杰出的军事家、书法家、诗人、民族英雄。他在东南沿海抗击倭寇十余年,扫平了多年为虐沿海的倭患;后又在北方抗击蒙古部族内犯十余年,保卫了北部疆域的安全。剧中的主角"穿越"回了明朝,与戚继光相识相知,见证了他保卫疆土的英雄事迹。回到现实的她,心情久久难以平静。

传奇小说2:《柳毅传》

"逸凤中,有儒生柳毅者,应举下第,将还湘滨",这是唐朝传奇小说柳毅传的背景,故事讲述了善良正直的书生柳毅救下洞庭龙女,几经波折后两人终成眷属的故事,学生用自己的思维和理解来演绎作品,带给观众的是视听享受和人文情怀的激荡。

成语故事3:《指鹿为马》

说到赵高,大家一定会想起"指鹿为马"的成语。赵高是秦朝的宦官,他为了夺得政权,通过巧设圈套试探各位大臣。他给秦二世献上一只鹿,说是一匹马,秦二世刚开始就说赵高认错了。于是问身边的大臣们,大臣们有的说是马,有的说是鹿。最终说是鹿的全被杀掉。秦二世也只好顺从赵高。这反映了当时秦国的黑暗。

长篇叙事诗4:《巾帼英雄花木兰》

花木兰替父从军的故事家喻户晓,中国古代巾帼英雄,忠孝节义,流传千古,唐代皇帝追封其为"孝烈将军"。正如《经典咏流传》中尚雯婕传唱的一样:"万里赴戎机,关山度若飞。朔气传金柝,寒光照铁衣。将军百战死,壮士十年归。"

中编

诗歌部分

章首

美丽的诗和美丽的梦一样，是可遇而不可求的，但是诗歌如彼岸花，即使无法摘取，也一直存活于心。它也许是前世的前世，我们心底曾经响过的声音，我们在一起曾经唱过的歌谣。王国维《人间词话》曰："诗人必有轻视外物之意，故能以奴仆命风月。又必有重视外物之意，故能与花鸟共忧乐。"与花鸟共忧乐就是有同理心。感觉锐敏，想象发达，有了同理心，才能有诗心。

子曰"不学诗，无以言"，意思是不学《诗经》不会讲话，他强调的是文采的重要性，那时，国与国之间外交也以诗和音乐交往、赠送，艺术传播的过程正是思想政治传播的载体。因此，诗歌的价值具有超越性。

诗歌的发展史

《诗经》是中国古代诗歌的开端，是最早的一部诗歌总集，其中最早的诗作于西周初期，最晚的作品成于春秋时期中叶。到了战国时期，在南方的楚国华夏族和百越族语言逐渐融合，诗歌集《楚辞》突破了《诗经》的一些形式限制，更能体现南方语言的特点。到了唐代，中国诗歌出现了四句的绝句和八句的律诗。律诗对于每句的平仄、对仗都有严格的规定，绝句的规定稍微松一些。另外，在宋代达到顶峰的诗歌的重要形式是词，词的格式要依从一些固定的词牌，以便于配以乐曲的演唱。自元代开始，中国诗歌的黄金时期逐渐过去，文学创作逐渐转移到戏曲、小说等其他形式。

现代社会，诗歌式微，读诗好像是一件很奢侈的事情，回溯到诗歌的源头，《诗经》其实只是民歌，没有想象中那么疏远不可亲近，只不过被人们无声地遗落在时代的光阴里罢了。孔子曾言："小子，何莫学乎诗？诗可以兴，可以观，可以群，可以怨。"我们今天读《诗经》，读的应该是它纯粹的文学性、文化美。当然，从《诗经》里，我们还可以看到2500多年前的政治、社会、文化、爱情、友情、乐器、兵器、容器等。305篇，植物草本70种，兽30种，鸟30种，鱼10种，虫20种，也可以称之为当时的自然百科全书式的文学作品。《公羊传》记载，男60岁，女50岁，无子嗣，官方令其去乡间采集诗，乡到城，城到县，县到国，向朝廷奏诗。

《诗经》共分三部分：风、雅、颂。"风"，以音乐名称用到文学，用今天的话说是曲式、声调，如当时有秦风、魏风，可以俗称为陕西调、山西调。当时有十五国，所谓"国风"就是十五国的曲调不同而已。"雅"，现在是形容词，当时是名词，当时的普通话和官话称"雅言"，"雅"也即"夏"的意思。分大雅和小雅，大雅的作品多产于西周，小雅也产于西周，但有部分东周。对于"颂"的解释，最早见于《诗·大序》："颂者，美盛德之形容，以其成功告于神明者也。"就是祭祀时赞美"盛德"的舞蹈动作。如《周颂·维清》就是周文王用兵征讨刺伐时的情节和动作，用舞蹈的形式表现出来，这也说明了，祭祀宗庙时，不仅有歌，而且有舞。近代学者也多以为"颂"是宗庙祭祀之乐，其中有一部分是舞曲。

因此，读诗歌要注意两件事：一是诗言志；二是诗乐不分家。乐以言志，歌以言志，诗以言志是一贯的传统。以乐歌相语，应该是我们初民的生活方式之一，那时,结恩情,谈恋爱用乐歌,这种情形在现代社会还是存在的;那时有所讽颂,有所祈求,总之有所表示,也多用乐歌。乐歌就是"乐语",日常的语言太平凡了,不够郑重,也不够强调,所以要献诗和赋诗。

文选1-1

关雎

——《诗经·国风·周南》

关关雎鸠①，在河之洲②。窈窕淑③女，君子好逑④。

参差荇菜⑤，左右流之⑥。窈窕淑女，寤寐求之。

求之不得，寤寐思服⑦。悠哉悠哉，辗转反侧。

参差荇菜，左右采之。窈窕淑女，琴瑟友⑧之。

参差荇菜，左右芼⑨之。窈窕淑女，钟鼓乐之。

注释

①**雎鸠**：一种水鸟。

②**洲**：水中可居之地。

③**淑**：美好，善良。

④**逑**：配偶。

⑤**荇(xìng)菜**：水草类植物。荇，根生水底，茎如钗股，上青下白，叶紫赤，圆径寸余。

⑥**流之**：顺水之流而取之，这里指摘取。

⑦**服**：思念，怀想。

⑧**友**：想要跟她做朋友。

⑨**芼(mào)**：采，取而择之也；芼，熟而荐之也。

如是我读：

《诗序》：《关雎》，后妃之德也，风之始也，所以风天下而正夫妇也，故用之乡人焉，用之邦国焉。孔子曰："《关雎》，乐而不淫，哀而不伤。"愚谓此言为此诗者得其性情之正，声气之和也。方玉润评："（一章）此诗佳处全在首四句，多少和平中正之音，细咏自见。取冠《三百》，真绝唱也。"

雎鸠与美好的爱情相近,,近到它的"关关"叫声,在那思念女子的男子听来,都是一种召唤和示好。古代传说雎鸠雌雄形影不离,是爱情忠贞的象征。其实据考证,雎鸠不是斑鸠,而是鱼鹰,如果是这样的话,这句话得解释成鱼鹰在河洲求鱼来象征男子对女子的求爱才说得通。君子,淑女,代表了中国人的爱情品位,不只是情感,东方人整体的行为都倾向于温文幽静,但这首诗歌,又有天然的生动和活力。

文选1-2

采薇（节选）

——《诗经·小雅·采薇》

昔我往矣，杨柳依依。今①我来思②，雨③雪霏霏。
行道④迟迟，载⑤渴载饥。我心伤悲，莫知我哀！

注释

①**今**：与"往"相对，一指现在，一指过去。
②**思**：语助词，无义。
③**雨**（yù）：作动词，下雪。
④**行道**：行走的道路，此指归途。
⑤**载**：词缀，嵌在动词前边，表示又渴又饥。

如是我读：

程子曰："此皆极道其劳苦忧伤之情也。上能察其情，则虽劳而不怨，虽忧而能励矣。"方玉润评："末乃言归途景物，并回忆来时风光，不禁黯然神伤。绝世文情，千古常新。"行役之人通过自己在归程中的所见所感，过往时光的辛劳和内心的悲苦可以想见。正可谓是"不知何处吹芦管，一夜征人尽望乡"。昔我去时，还是柳色青青的春天，今我来归，雪花飘零，春色褪尽，这16个字对偶匀称，亦景亦情，艺术上的完美在《诗经》中是少见的。

蒹葭

——《诗经·国风》

蒹葭苍苍①, 白露为霜。所谓伊人, 在水一方。
溯洄②从之, 道阻且长。溯游③从之, 宛在水中央。

蒹葭萋萋④, 白露未晞。所谓伊人, 在水之湄。
溯洄从之, 道阻且跻。溯游从之, 宛在水中坻⑤。

蒹葭采采⑥, 白露未已。所谓伊人, 在水之涘。
溯洄从之, 道阻且右⑦。溯游从之, 宛在水中沚。

注释

①**蒹葭**:蒹, 是没有长穗的芦苇; 葭, 初生的芦苇。**苍苍**:指茂盛。

②**溯洄**(sù huí):逆流而上。

③**溯游**:顺流而下。

④**萋萋**:意思同"苍苍"也。

⑤**坻**(chí):水中高地, 和下章"沚"同。

⑥**采采**:长得茂盛而可采也。

⑦**右**:迂回曲折。

如是我读:

《诗序》说:"《蒹葭》, 刺襄公也。未能用周礼, 将无以固其国焉。"方玉润评:"三章只一意, 特换韵耳。其实首章已成绝唱。古人作诗多一意化为三叠, 所谓一唱三叹, 佳者多有余音, 此则兴尽首章, 不可不知也。"怪不得, 邓丽君翻唱的版本大家耳熟能详, 随口哼唱。本篇抒写怀人之情, 在艺术上达到了情景交融的境地。但其所追求的对象为谁, 迄今尚无定论。"所谓伊人, 在水一方。"诗三百中, 论境界, 无句可出其右。这一句, 写爱情, 也到了某种极致, 如看着开在彼岸的莲花——可望而不可即的叹惋!

文本分析任务1

从文选三篇中选择其中一篇, 改编成可以表演的剧本脚本, 有人物、有情节、有背景音乐。

诗歌的对称和声律

对中学生而言,理解与鉴赏古诗比一般文言文困难,但对于古诗的兴趣却比文言文大,这似乎是一个矛盾,其实不然。他们的困难在于理解意义,他们的兴趣在于声调,声调是诗歌的原始的,也是最主要的效用,所以他们虽然觉得难懂,但还是乐意去读诗。这就可以看出吟诵的重要来,这是学诗的第一步。中国人学诗向来注重背诵,俗语说"熟读唐诗三百首,不会作诗也会吟"。"熟读"不仅能领略声调的好处,还能熟悉诗的用字、句法、章法。诗是精粹的语言,有它独具的表现法式,初学者会觉得难懂,大半是因为对这个法式不熟悉,学习这些法式最有效的方法是综合,多少应该像小儿学语一般,背诵便是这种综合的方法。

古诗分为古体诗和近体诗,在时间上大概以唐代为界,即唐代以后(包括唐代)形成的诗体称为近体诗。其中古体诗只要求压韵,不讲究什么格律。而近体诗对韵和平仄有十分严格的要求,这就是格律。

格律的产生纯粹是为了声律的优美动听,讲究格律的诗读起来大多婉转悠扬,跌宕起伏,荡气回肠。这对于更好地展现诗歌主题是很有帮助,而且这也是古代很多优美的诗句得以流传的一个重要原因。

——飞流直下三千尺,疑是银河落九天。

——月落乌啼霜满天,江枫渔火对愁眠。

——欲穷千里目,更上一层楼。

——沉舟侧畔千帆过,病树前头万木春。

读读这些诗句吧,之所以这么朗朗上口,格律功不可没。所以学着按照格律写诗对我们是有好处的。但是也不要为格律所限。其一,合格律的诗可以有优美的声律,并不是说不合格律的诗就一定没有优美的声律。例如,千山鸟飞绝,万径人踪灭。孤舟蓑笠翁,独钓寒江雪。此诗多有不合格律的地方,但读起来照样悦耳动听。其二,如果格律和内容相冲突的时候,务必要以内容为纲,宁可舍了格律也要保全诗句所要表达的确切意思。如果为了格律而摈弃内容,那简直是本末倒置,整首诗就彻底地废了。在《红楼梦》里林黛玉有这样一句话"若是真有了奇句,便是平仄虚实不合,也是使得的"。古人尚如此,况于今人?不过此处要申明一点,如果写诗只要不合格律就说是和内容冲突了,那也是断然不可的。其实有时候我

们是可以在不损害内容的情况下去适应格律的。那种不求甚解的做法是不正确的写作态度。下面举一个为了内容而放弃格律的例子:

　　昔人已乘黄鹤去,此地空余黄鹤楼。

　　黄鹤一去不复返,白云千载空悠悠。

　　首句与二句在相同的位置上都出现了"黄鹤",这可是律诗的大忌。然而谁都看得出这"黄鹤"二字是断断不能改的。三、四句也分别出现了六仄、三平调的无格之作。可为什么此诗仍能脍炙人口、久远流传呢?所以奉劝大家"格律为我所用,我不为格律所害"。

　　对于词,也是要讲究平仄的,而且,词谱规定平仄是什么就是什么,不同的词牌没有完全统一的格律要求,它们的平仄格式和压韵的位置都自有规定(当然,词的格律还是和律诗的格律有些关系的)。词和诗不同,词牌种类繁多,可以千计。而诗相对来说就要简单得多了。所以如果能尽量合词的平仄格式以及一些特殊的要求,可以使得这一词牌的词有共同的风格,这也别有一种味道。也就是说词的格律除了声律上的优美外,还有呈现词牌特征的作用。

文选2-1

迢迢牵牛星

——古诗十九首

迢迢牵牛星①,皎皎河汉女②。

纤纤擢素③手,札札弄机杼④。

终日不成章,泣涕零如雨。

河汉清且浅,相去⑤复几许?

盈盈⑥一水间,脉脉不得语。

注释

①**牵牛星**:俗称"扁担星",天鹰星座的主星,在银河东。

②**河汉女**:俗称"织女星",是天琴星座的主星,在银河西。

③**素**:洁白。

④**杼(zhù)**:织布机上的梭子。

⑤**去**:距离。

⑥**盈盈**:水清浅的样子。

如是我读:

在齐梁之间,流传着一些汉魏以来的古诗,据钟嵘《诗品》所云,当时钟嵘所见的古诗,至少当有59首之多,而《昭明文选》则选录了其中的19首编为一组,列于卷二十九《杂诗上》,统名之曰《古诗十九首》。自此以后,这19首诗,流传千古,成为我国五言古诗的最早期最成熟的代表作品。而五言之句式实为我国旧诗之基本句式,因此这19首诗之艺术表现方式,也就给后世的诗歌留下极深远的影响。

因此,读这首诗有《蒹葭》的意味,在后世的许多诗歌中也能读出它的影子,诗歌所写的是离别的怀思,无常的感慨,或者失志的悲哀,总之它所表现的都是人类心灵深处最普遍也最深刻的感情的基型,经得起千古所有人类的无尽的发掘,而让人都能对之引起共鸣。

文选2-2

涉江采芙蓉

——古诗十九首

涉江采芙蓉①,兰泽②多芳草。
采之欲遗③谁,所思在远道。
还顾④望旧乡,长路漫浩浩。
同心⑤而离居,忧伤以终老。

注释

①**芙蓉**:谐音"夫容",荷花的别名。
②**兰泽**:低湿之地。
③**遗**(wèi):赠送,古代有赠香草结恩情的风俗习惯。
④**顾**:回头看。
⑤**同心**:多用于男女之间的爱情或夫妇感情融洽。

如是我读:

这是写游子思念故乡和亲人的诗。本来采香花芳草打算赠送对方,可惜自己思念的人却身在远方,心愿难遂,于是自然而然地感慨:"同心而离居,忧伤以终老!"这是对不合理社会的一种控诉,"而"字耐人咀嚼和品味,抒情主人公身不由己,忧伤的根源全在于此。这也是一首文人诗,他们生活在动乱的年代,为了生计前途而奔波,他们尝尽了分离之苦,所以《古诗十九首》里大多是一些思妇旷夫的作品。诗歌开头两句是男主人公的行为还是女主人公的行为,也有很大的想象空间。

文本分析任务2

结合你之前阅读过的关于"离别"的文学作品,写一写你生活中经历的一次离别。

整齐与变化

　　语言运用讲究对偶、匀称的习惯，反映了人类的心理和生理本性。在我国，对于对称的追求早已超越了语言艺术领域，从巍峨的故宫到小小的四合院，还有抽象玄妙的太极图。可以说这种追求已经渗透到了我们的生活、文化的最深层次。

　　在语言学上，对称的形式表现在结构上的成双成对。

　　"奇字难适，偶语易安。"——刘勰《文心雕龙》

　　"古籍中，诸名往往取字同义者，或两字对称，教单辞只字，其辞气稍感浑厚。"——马建忠《马氏文通》

　　对称不但在内容上产生了浑厚有力、匀称平稳的效果，同时在声律上形成了鲜明、强烈的节奏感。这种节奏感经过两次的反复，更加渲染了这一作用，从而形成了语言的音乐美。音节上铿锵有力的作用，反过来又促使语句在表情达意上更加强烈，更加深刻有力。句子的对称主要有三种形式，正对、反对和串对。比如："宝剑锋从磨砺出，梅花香自苦寒来。"（正对）"横眉冷对千夫指，俯首甘为孺子牛。"（反对）"风声雨声读书声，家事国事天下事。"（串对）

　　乾隆年间，孙髯翁路经昆明大观楼，傲然写下一副180字的长联，上联写"滇池风物，视野极其开阔"，下联写"云南历史，追溯直达汉唐"，艺术上首创一边写景，一边叙事抒情，情景事互相交融的格调，被称为"天下第一长联"。

　　五百里滇池，奔来眼底。披襟岸帻，喜茫茫空阔无边。看东骧神骏，西翥灵仪，北走蜿蜒，南翔缟素。高人韵士，何妨选胜登临，趁蟹屿螺洲，梳裹就风鬟雾鬓；更萍天苇地，点缀些翠羽丹霞。莫孤负四围香稻，万顷晴沙，九夏芙蓉，三春杨柳。

　　数千年往事，注到心头。把酒凌虚，叹滚滚英雄谁在。想汉习楼船，唐标铁柱，宋挥玉斧，元跨革囊。伟烈丰功，费尽移山心力。尽珠帘画栋，卷不及暮雨朝云；便断碣残碑，都付与苍烟落照。只赢得几杵疏钟，半江渔火，两行秋雁，一枕清霜。

　　还有一种"对称意识＋汉字特点"的一种典型模式是"回环"，举几个例子：

　　天映远山晴入画，画入晴山远映天。

　　客上天然居，居然天上客。

雾锁山头山锁雾，天连水尾水连天。

回环好像是镜子内外的两个物像，除了文字走向截然相反，可以说不出分毫的对应，但是做到自然天成很难。

文选3-1

观沧海

曹操

东临碣石,以^①观沧海。水何澹澹^②,山岛竦峙^③。

树木丛生,百草丰茂。秋风萧瑟,洪波涌起。

日月之行,若出其^④中;星汉灿烂,若出其里。

幸甚至哉,歌以咏志。

注释

①**以**:承接上一个句子的连词。

②**澹澹**(dàn dàn):水波摇动的样子。

③**竦峙**(sǒng zhì):耸立。

④**其**:这里指沧海。

如是我读:

207年秋天,曹操征乌桓得胜回师时经过此地。乌桓自汉以来一直都是北方大患,这次大胜,巩固了后方,接着就要南下攻打东吴,实现他统一天下的大愿。这正是他踌躇满志,生命力洋溢,前程无可限量之时,他登上了碣石山。在曹操以前,《古诗十九首》把人生苦短的主题转化为及时享受生命的欢乐,从感情的性质来说,并不是豪迈的,而是悲凄的。但曹操不同,他并没有因为生命苦短而以宴乐之乐而乐,相反,恰恰在对酒当歌的行乐中感到悲怆,他没有完全沉浸在个体生命的无奈之中,而是把"忧思难忘"和"慷慨"的英雄气概结合起来,变成了曹操的气魄宏大的"把苦与忧转化为豪迈地享忧"的主题。

文选3-2

陌上①桑

汉乐府

日出东南隅，照我秦氏楼。秦氏有好女，自名为罗敷。罗敷喜蚕桑，采桑城南隅。青丝为笼系②，桂枝为笼钩③。头上倭堕髻④，耳中明月珠。缃绮⑤为下裙，紫绮为上襦。行者见罗敷，下担捋髭须。少年见罗敷，脱帽着帩头。耕者忘其犁，锄者忘其锄。来归相怨怒，但⑥坐观罗敷。

注释

①**陌上**：陌：田间的路。有成语"阡陌交通"。
②**笼系**：笼，篮子；系，络绳（缠绕篮子的绳子）。
③**笼钩**：采桑用来钩桑枝，行时用来挑竹筐。
④**倭堕髻**：即堕马髻，发髻偏在一边，呈坠落状。
⑤**缃绮**：有花纹的浅黄色的丝织品。
⑥**但**：只是。**坐**：因为，由于。

如是我读：

曹植有著名的《洛神赋》，写的是曹植路过洛水，遇到了洛水之神，与之相爱，可惜因为人神相隔，只能怅然分离的故事。东晋画家顾恺之把它移植到画卷上，驰骋想象，进行艺术的再创造，就是传世精品《洛神赋图》。秦罗敷则是现实生活中的女神，勤劳善良，温婉美丽，节选的这段文字有很细致的外貌描写，她的穿着打扮，同时还有非常精彩的侧面烘托，以人们的行为和反应来表现她的魅力！这样的描写在汉乐府《木兰辞》和《孔雀东南飞》中也有类似的表现。

文本分析任务3

你曾经旅游去过哪个国家或城市？其中哪个地方给你留下了深刻印象？请描写这个地方和你的感受。

诗的本质

从前的古体诗和近体诗都是韵文,与音乐有着关系,而广义说起来也就是诗和词,也是韵文。这样看来,似乎凡有这些限制的统统是诗了,其实并不然,试看"四角号码"的《笔画歌》:

横一垂二三点捺,叉四插五方块六,

七角八八九是小,点下带横变零头。

字数均齐,但一望而知它不算诗,只是一种传习用的歌诀而已。我们常常听见人家在看了一篇散文之后说:"这篇文章很有点诗意。"有时,一个人说了几句话,大家说,这几句话含有诗趣。试举例:

院子里的树叶已经巴掌一样大了,爸爸什么时候回来呢?

这句话刻画出孩子对爸爸的想念,以树叶大到巴掌状写出爸爸离开时间之长,由物及人,自然道出深情。如果让这句话独立起来把它放在诗的形式里,就是一首很好的诗。

这上面的夜的天空,奇怪而高,我生平没有见过这样的奇怪而高的天空,他仿佛要离开人间而去,使人们仰面不再看见。

这段文字表现出一种阔远的想象,同时使人感到所谓诗意。从前面的例子来看,含有情绪、情操、想象的语言、文字就含有诗的本质。那么,什么是诗的本质也就可以推想而知了。必须是一个含有诗的本质的意思,用精粹的语言表达出来,那才是"诗"。

比如陶渊明的诗句:

"平畴交远风,良苗亦怀新。"(《癸卯岁始春怀古田舍二首》)

"有风自南,翼彼新苗。"(《时运》)

"园蔬有余滋,旧谷犹储今。"(《和郭主簿二首》其一)

陶诗的境界、意象,在现代人看来,还是简单的,但陶诗的文学本体性高妙,文体、格调恬淡冲和,写得真朴素、真精致,写得那么淡,淡得那么奢侈。因此,读陶渊明的诗歌是享受,不懂其精致,就难感知其朴素,不懂其朴素,就难感知其精致。

文选4-1

饮酒二十首（其五）

陶渊明①

结庐②在人境，而无车马喧。
问君③何能尔？心远④地自偏。
采菊东篱下，悠然⑤见⑥南山⑦。
山气日夕佳，飞鸟相与⑧还。
此中有真意，欲辨已忘言。

注释

①**陶渊明**：字元亮，又名潜，私谥"靖节"，自号五柳先生，晋、宋间诗人。
②**结庐**：建造住宅，这里指居住的意思。
③**君**：自己。
④**心远**：心灵远离尘俗。
⑤**悠然**：自得的样子。
⑥**见**：一解看见；一解出现。
⑦**南山**：泛指山峰，一说指庐山。
⑧**相与**：相交，结伴。

如是我读：

中国古典诗话有"以一字论工拙"的传统，为了陶渊明"悠然见南山"中的"见"字，从沈括《梦溪笔谈》、苏轼《东坡志林》一直到王国维《人间词话》，争论了八九百年。这里有一个主要原因，那就是宋人发现的一个版本，并不是悠然"见"南山，而是悠然"望南山"。如果要说诗眼，这个"见"就是诗眼。陶渊明的创新就是自然、泰然之美，是无意的感触，不是有心的追寻，"无心"的心理效果，与现实拉开距离，营造了一种从容的意境，开拓了山水田园诗歌的美学境界。

  "庐"一般的注释就是住宅,可以意会为简陋的居所,和后面的"车马"相对立,车马,在当时是有钱人和有地位的人家才有的,潜在的意味是,虽然我的住所很简陋,但是不管多么华贵的车马我也不需要;即使住在很多人居住的场所,我的心却离尘俗很远。"心远"不是人远,而是"人近"才显出反衬的效果,构成一种悠然、超然的境界。

文选4-2

渭城曲

王维

渭城朝雨①浥②轻尘,客舍青青③柳色新。
劝君更尽一杯酒,西出阳关④无故人。

注释

①**朝雨**：早晨下过雨。
②**浥**(yì)：湿润。
③**青青**：墨绿色。
④**阳关**：汉置边关,因在玉门关南,故称阳关。在今甘肃省敦煌西南,为自古赴西北边疆的要道。

如是我读：

我国历来有不少文学艺术方面的伟大天才,但同时在几方面都有突出成就的多面手并不太多见,王维是一个,苏轼是一个。王维在诗与画上都是绝顶高手,音乐与书法也是精而又精,有书可查。旧时称李白、杜甫、王维为唐三大诗人,所谓"诗仙""诗圣"和"诗佛",《红楼梦》写香菱学诗,拜林黛玉为师,黛玉要求她精读熟读的也是这三大诗人的诗。此诗当时被人谱上曲子就传唱开了,称《阳关三叠》,《经典咏流传》节目中用陕西古腔吟唱这首诗很有韵味。

文选4-3

赋得古原草送别

白居易①

离离原②上草, 一岁③一枯荣。
野火烧不尽, 春风吹又生。
远芳④侵古道, 晴翠⑤接荒城。
又送王孙⑥去, 萋萋满别情。

注释

①**白居易**: 字乐天, 自号"香山居士"。以诗著称, 早年与元稹齐名, 称"元白";
晚年与刘禹锡齐名, 称"刘白"。
②**原**: 宽广平坦的地方。
③**岁**: 年, 也指时间和光阴。
④**远芳**: 指远处的绿草。
⑤**晴翠**: 明丽翠绿。
⑥**王孙**: 指远行之游子。

如是我读:
诗歌史上很少有人像白居易那样自觉地把诗写得明白如话平易浅畅, 明人
俞牟《逸老堂诗话》就曾挑出白诗的"俗话""俚语"来证明它"近乎人情物理", 他
在语序、语词和意蕴上的彻底通俗化已经使他的诗真的仿佛贫女村姑般的天然。
小学时学这首诗以为只有前面四句, 写出了平凡而顽强的草, 在春风中勃发的生
命力。加上后面四句, 表达的就是离别的伤情, "远芳"和"古道", "晴翠"和"荒城",
画面感极强, 对比度高, 写出在春草蔓生的明艳里离别的凄然, 后世的诗歌以"天
涯何处无芳草"来劝慰离人。

文本分析任务4

当你长途奔波到达一个陌生的城镇，你四处张望寻找落脚的地方，当你在街上徘徊的时侯，一个黄花绿帘下的"提供住宿和早餐"的招牌映入你的眼帘。你走近窗户向里望，你看到了什么，招牌后面是一个什么样的地方？画一个房子的轮廓，在上面添上一些能代表你所看所思所想的词语和符号。

诗歌的音乐性

中国古代不仅诗歌与音乐相伴相生,而且有专门的音乐机构。秦代以来朝廷就设立了管理音乐的官署。112年,汉武帝正式设立"乐府"这一音乐机构,用来训练乐工,制定乐谱和采集歌词,其中采集了大量的民歌,这些乐工的任务是收集编纂各地民间音乐、整理改编与创作音乐、进行演唱及演奏等。后来,人们就把经由乐府机构编录、演唱的诗叫作"乐府",可见,"乐府"本就是一种"歌诗",一方面编制用"诗"的体裁,一方面又谱音乐以歌之,合这两个条件,才叫作乐府。

中国文学最早的两部诗歌作品《诗经》和《楚辞》都是歌集,其中的作品一些是神圣的,具有礼仪特性的,另一些是世俗的,产生于日常生活的情境。从汉代开始,即使当诗歌获得了自主性之时,以"乐府"为名称的民歌传统也从未中断。与此同时,那些由署名诗人创作的、属于所谓"文士"诗范畴的诗作,也总是用来吟咏的。在接近唐朝末年,约9世纪前后,一种新的诗歌形式——词(曲子词),得到了迅速发展。这些词,其句子根据确定的规则而长短参差不齐,是一些按照已经存在的曲调而填写的"语句"。这种随后变得十分重要的体裁,再一次具体实现了诗歌与音乐的紧密结合。

除了这种音乐与诗的总体关系,还要加上一些属于语言本身的因素。我们知道,从语音的角度看,古汉语基本上是单音节,这些表意文字,以它们大小一致、没有形态变化的字形结构,趋于由均匀和最低限度的语音来负载。由于一个表意文字所具有的每个音节构成一个活的统一体——音与意的统一体,再加上在汉语中有区别的音节数目非常有限——因此存在大量的同音字,这一切赋予音节极为意味深长的语音和"情感"价值;这种价值,近似于在一件古乐器上演奏一部音乐作品时,给予每一个音乐的时值。另外,汉语是有声调的语言,由于每个音节带有不同的声调,这引发了声调对位的精巧安排,这种安排使诗歌非常适合于歌吟。随后,在宋词中,正像在元曲中,曲调对于用来吟咏诗句的调性发展了有固定的要求。

诗是特种的语言,它因音数(四、五、七言是基本音数)的限制,便有了特种的表现法。它将一个意思或一层意思或几层意思用一定的字数表现出来,所以需要艺术的功夫。近体诗除长律外,句数有定,篇幅较短,有时还要对偶,所以更要注意诵读。现在的学生大多不能辨别四声，这样便不能充分领略诗的意味，四声是平、上、去、入四种字调，最好幼时学习，长大了再学要难得多，诵读《四声等韵图》（《康熙字典》卷首有此图）或背诵近体诗都可以得到很好的训练，诵读时最好用自己的方言，全读或反复读一行（如东、董、冻、笃）都可以，要经常练习，直到任举一字能辨其声为止。

文选 5-1

明日歌

钱福（明）

明日复^①明日,明日何其^②多。

我生待^③明日,万事成蹉跎^④。

世人若被明日累,春去秋来老将至。(若一作:苦)

朝看水东流,暮看日西坠。

百年明日能几何?请君听我明日歌。(版本——钱鹤滩)

注释

①**复**：又

②**何其**：多么

③**待**：等待

④**蹉跎**：光阴虚度

如是我读：

珍惜时光,叹惋岁月的流逝,是中国古典诗歌中常有的感兴,但是只有在这首诗歌里被表现的自然而直观,"朝看水东流,暮看日西坠"一句让我们想起朱自清先生在《匆匆》里关于时间的描述。明天又一个明天,明天多么多啊!如果我的一生都在等待明天中度过,那么,百年来的明日能有多少呢?请各位听听我的《明日歌》。

静夜思

李白（唐）

床前明月光，疑是地上霜。
举①头望明月，低头②思故乡。

注释

①**举**：抬。
②**低头**：形容沉思的神态。

如是我读：

这首诗的好在于"朴素自然，不工而自工"，很多小孩人生第一首成诵的诗歌就是它了。万籁俱寂的深夜，游子在睡梦中醒来，皎洁的月光洒到床前，迷离中以为是一片秋霜，仰头观看明月，寂寞凄清的思乡之情不禁油然而生。此后"月亮"的意象成为人们寄托思念和乡思的不二之选。"思"点到为止，这首诗没有说的比他说出的要多得多，不刻意追求诗歌的艺术却臻于化境。

登鹳雀楼①

王之涣（唐）

白日依②山尽, 黄河入海流。
欲穷③千里目, 更上一层楼④。

注释

①**鹳雀楼**:楼有三层, 面对中条山, 下临黄河, 为登临胜地。

②**依**: 顺着, 依靠。

③**穷**:尽, 使达到极点。

如是我读:

诗人开元初, 做过冀州衡水县主簿, 被人诬陷, 去官, 过了15年的漫游生活, 踪迹遍黄河南北。第一句是宏伟的空间图像, 第二句是无始无终的时间意象, 诗歌通过对宇宙时空的永恒实体的感受获得真知。前两句充实, 后两句空灵, 两者结合, 成为一个完整的审美境界, 太实则死, 太虚则玄, 又实又虚, 方为妙境。

文本分析任务5

请从文选中选择其中一篇, 配上音乐, 用你喜欢的、或唱歌或舞蹈或表演的形式去表现诗歌要表达的情感。

导读6

诗歌的艺术表现

诗是抒情的，诗与文的相对的差别，大多与语言有关，诗的语言更经济，情感更丰富。达到这个目的的方法是我们读诗的时候要特别注意的，即是艺术表现。

一、韵律　诗要讲究音节，旧诗词中更有人主张某种韵表示某种情感者：

阳声字多沉顿，阴声字多则激昂，重阳间一阴，则柔而不靡，重阴间一阳，则高而不危。

东、真韵宽平，支、先韵细腻，鱼、歌韵缠绵，萧、尤韵感慨，各具声响。

——周济《宋四家词选叙论》

二、句式的复沓与倒置　因为诗是抒发情感的，而情感多是重复迂回的，如《古诗十九首》：行行重行行，与君生别离。相去万余里，各在天一涯。句式的复沓又可分字重与意重。前者较简单，后者较复杂。如李商隐的《夜雨寄北》：君问归期未有期，巴山夜雨涨秋池；何当共剪西窗烛，却话巴山夜雨时。这也是复沓，但比较的曲折了。而句式的倒置是为了引起注意，如王维的《山居秋暝》：竹喧归浣女，莲动下渔舟。以"竹喧"和"莲动"写环境的生动热闹，让人强烈感受到画面中人物的情绪，这两句诗是一幅好画，但比画表现得多，上下分行空间上是呼应的关系，"喧"和"动"是画无法表现的。

三、渲染　中国画技法中"渲染"绘画法来自使用的一种纸张，称"宣纸"。在"生宣纸"上绘画时，如果墨汁滴在上面，会瞬间弥漫渗透出自然不规则的淡淡墨汁痕迹，或用毛笔蘸墨在纸上绘画时，笔端在宣纸上停留时间的长短，笔端或笔身接触宣纸的多少，使墨汁能向边缘产生不同的墨迹扩散效果，这种现象称"渲染"绘画。明杨慎《艺林伐山·浮渲梳头》说："画家以墨饰美人鬓发谓之渲染"。清龚自珍、马南邨《燕山夜话·书画同源一例》说："有一些皴法和渲染之处稍变换着使用干笔和湿笔，而就整幅画面来说，用墨大部分是半干半湿的，表现出特别和谐的色调。"

用于艺术创作，就是指正面着意描写。例如，白居易《琵琶行》（第二节）极尽笔墨之能事，通过对琵琶声及其富于变化的演奏的铺叙渲染，表现了音乐的高妙；张若虚《春江花月夜》对春江月夜景色的渲染，流露出离愁，表达了对人生短促的感慨和对宇宙人生的探索。杜甫的《绝句》："两个黄鹂鸣翠柳，一行白鹭上青天。窗含西岭千秋雪，门泊东吴万里船。"突出了刚抽新芽的柳枝，成双成对的黄鹂，自由自在的白鹭和一碧如洗的青天，四种鲜明的颜色新鲜而且明丽，构成了绚丽的图景，色彩的渲染可以传达出愉快的情感。一言以蔽之，渲染即对事物进行正面描写铺叙，追求笔墨酣畅，痛快淋漓。

四、衬托　写作时先从侧面描写，然后再引出主题，使要表现的事物鲜明突出。泛指陪衬，在诗歌中运用比较广泛的主要有以下三种情况：

以人烘托人：如著名的汉乐府民歌《陌上桑》，对罗敷外貌的描写："行者见罗敷，下担捋髭须；少年见罗敷，脱帽着帩头。耕者忘其犁，锄者忘其锄；来归相怨怒，但坐观罗敷。"作者意欲极写罗敷之美，却未对罗敷的美貌作任何正面描写，而是通过描写行者、少年、耕者、锄者见到罗敷时的惊叹、赞赏、痴迷等各种反应，烘托出了罗敷的美貌，同时让读者发挥丰富的想象力，从而间接构成了极为活跃的视觉艺术效果。再如苏轼的《念奴娇·赤壁怀古》，作者要塑造的人物形象是周瑜，却从"千古风流人物"说起，由此引出赤壁之战时的"多少豪杰"，最后才集中为周瑜一人，烘托了周瑜在作者心中的主要地位——他的感慨主要是因周瑜而发。

以物烘托人：如《诗经·秦风·蒹葭》中首章的"蒹葭苍苍，白露为霜"，次章的"蒹葭凄凄，白露未晞"，末章的"蒹葭采采，白露未已"，写出芦苇的颜色由苍青至凄清到泛白，把深秋凄凉的气氛渲染得越来越浓，烘托出诗人当时所在的环境十分清冷，心境十分寂寞。高适的《别董大》首二句"千里黄云白日曛，北风吹雁雪纷纷"，直接描写眼前之景，展示出一幅暮日黄昏、沙尘漫天、遥空断雁、大雪纷飞的北方荒原天寒地冻的暮天景象。通过这送别时的环境描写，烘托出离愁别恨的低沉气氛。

以物烘托物：如王维《鸟鸣涧》中的"月出惊山鸟，时鸣春涧中"，描绘出一幅极其完美的春山月夜图。在这春山中，万籁都陶醉于那种夜的色调、夜的宁静里了。因此，当月亮升起，给这夜幕笼罩的空谷带来皎洁银辉的时候，幽谷前后景象顿时发生了变化，这时对于习惯于山谷静默的鸟儿，似乎连月出也带来了新的刺激，居然鸣叫起来。这种以闹衬静的写法，不仅没有破坏春山的安谧，反而衬托得春夜山涧更加幽静。

敕勒歌

乐府诗集（南北朝）

敕勒川①，阴山下。天似穹庐②，笼盖四野③。
天苍苍，野茫茫。风吹草低见牛羊。

注释

①**敕勒川**：北魏时期把今河套平原至土默川一带称为敕勒川。
②**庐**：房舍。
③**四野**：草原的周围。

如是我读：

这是一首北朝时期北方少数民族的民歌，从诗歌的表面来看，不过是随意写景，即目所见，即兴而为。辽阔的敕勒川大平原，牧民们居住的毡帐，蔚蓝的天空，写出了开阔苍茫和大气磅礴。最后一句，风吹过来草低处牛羊时隐时现，恰恰是生命的发现和怡然自在。从结构上来说，是双重的反衬：一是空间；二是生命的苍凉和喜悦。

文选6-2

黄鹤楼送孟浩然之广陵①

李白（唐）

故人②西辞③黄鹤楼，烟花④三月下扬州。
孤帆远影碧空尽，唯见⑤长江天际流。

注释

①**广陵**：今江苏扬州。

②**故人**：这里指孟浩然。

③**辞**：辞别。

④**烟花**：繁花浓丽的春天。

⑤**唯见**：只看见。

如是我读：

李白在《赠孟浩然》中有"吾爱孟夫子，风流天下闻。红颜弃轩冕，白首卧松云"。孟浩然年龄比李白大，在诗坛上享有盛名，李白对他很敬佩，彼此感情深厚，因此称之为"故人"。生命的共鸣与光彩的相照，便具有极强的相互吸引之力。李白的另一个知己是杜甫，从他的《赠李白》诗中"痛饮狂歌空度日，飞扬跋扈为谁雄"可以窥见李、杜二人于外表相异之下所蕴含的一份生命与心灵上的相通。

文选6-3

山居秋暝①

王维（唐）

空山新②雨后，天气晚来秋③。
明月松间照，清泉石上流。
竹喧归浣女④，莲动下渔舟。
随意⑤春芳歇，王孙自可留。

注释

①**暝**（míng）：天黑。
②**新：**刚刚下过雨。
③**晚来秋：**秋天的傍晚。
④**浣**（huàn）**女：**浣衣女子。
⑤**随意：**任凭。这里是说春天的芳华虽已消歇，秋景也佳，王孙自可留在山中。

如是我读：
诗中有明月、青松、清泉、翠竹、碧莲、浣女、渔舟，有声有色，为什么诗歌却是"空山"起句？诗人在《桃源行》中有一句"世中遥望空云山"，为"空山"下了一个注脚，它是一种远离社会世俗的净化了的境界。跟作者当时的处境有关，奸臣李林甫当权，政治腐败，嫉贤妒能，诗人不愿同流合污，选择了留恋山水，悠闲自在的生活态度。

文本分析任务6
请选择诗句"风吹草低见牛羊""烟花三月下扬州"和"竹喧归浣女"中的其中一句为开头，展开想象，构思一个故事或一个剧本，并分析这三者之间的差异。

诗歌的多义性和暗示性

　　了解诗不是件容易事，俞平伯先生在《诗的神秘》一文中说得很透彻，他所举的"声音训诂""大义微言""名物典章"都是解读诗歌时的难关。语言作用有思想的、感情的两方面：如说"他病了"，直叙事实，别无含义，照字面理解就够，就是"声音训诂"，属于前者；但如说"他病得九死一生"，"九死一生"便不能照字面的意思直解，只是"病得很重"的意思，却带着强力的情感，就是"大义微言"，属于后者；如果再加上"名物典章"，比喻和典故，变幻无穷，解读的难度就加大了。因此，读诗可不要死心眼儿，想着每字每句每篇只有一个正解，固然有很多诗是如此，但是有些却并不如此，这就是诗歌的多义性。以陶渊明的《饮酒》为例：此中有真意，欲辩已忘言。《文选李善注》："《楚辞》曰：狐死必首丘，夫人孰能反其真情？王逸注曰：真，本心也。"又："《庄子》曰：言者，所以在意也，得意而忘言。"古直《陶靖节诗笺》："《庄子·齐物论》：辩也者，有不辩也。大辩不言。"结合上述的典章解读"真意"就是"真想"，而"真"固是"本心"，也是"自然"。对陶渊明来说，"真"是不受世俗羁绊，融入自然的"率性"。

　　在唐宋诗词中，有许多以含蓄、蕴藉的语言来表达主题思想，这种含蓄、蕴藉的表现方式叫作诗词的暗示性。诗词的暗示性大体上有两种：一是含蓄；一是寄托。诗词中的含蓄一般采用的是意象象征法，避开对对象的直接描写，而把视角转向对象周围的景物，以环境来暗示人物的性格。

　　试看唐朝诗人王昌龄的一首《秋词》：

　　金井梧桐秋叶黄，珠帘不卷夜来霜。

　　熏笼玉枕无颜色，卧听南宫清漏长。

　　这是一首宫怨诗。作者运用委婉含蓄的笔触，采用以景托物的手法，写出一个被剥夺了自由和幸福的少女，形孤影单在深宫中长夜无眠，卧听宫漏的情景。在这短短的28个字的诗里，即便字字都写怨字也难以表达主人公的怨情，所以，诗人干脆就不写怨，而是用以景托物的手法来表达主题。前三句全是写景，以井边的梧桐、秋深的黄叶点题，渲染色彩，烘托气氛，把一个萧瑟凄苦的环境显现在读者的面前。接着以珠帘不卷，夜寒霜重来表明此刻正是深夜。然后，笔锋一转，视角转入室内，突出描写了室内具有代表性的两件生活用品，即熏笼、玉枕，最关键的是"无颜色"三个字。为什么是"无颜色"，是用旧了呢？还是主人公对这些已是司空见惯了呢？最后，"卧听南宫清漏长"，孤女彻夜不眠，在一声声清漏声中辗转反侧。诗歌以含蓄蕴藉的手法浓墨重彩地点染背景，描写环境，只是末句中客观点出女主人公卧听宫漏。不去说怨，而怨言自现。暗示的巧妙运用，道出了弦外之音。

再来欣赏一下宋朝诗人李清照的《如梦令》：

昨夜雨疏风骤，浓睡不消残酒。试问卷帘人，却道"海棠依旧"。"知否？知否？应是绿肥红瘦。"

在这首小词里，诗人的"昨夜雨疏风骤"，"应是绿肥红瘦"，把风雨过后叶茂花稀的暮春景象呈现在读者面前。其妙处就在诗人没有用"多""少"等常见的话语，而是选用了"肥"和"瘦"两个字，格外传神。"肥"和"瘦"不仅表述了花与叶整体的稀与密、多与少的对比内容，同时也表现出花与叶的个体形态。雨后叶子的繁茂和花瓣凋零，都宛然如见。《蓼园词选》云，"一问极有情，答以'依旧'，答得极淡，跌出'知否'二句来，而'绿肥红瘦'无限凄婉，却又妙在含蓄。短篇中藏无数曲折，自是圣于词者"。

寄托比含蓄要更隐蔽一些。含蓄是意思隐藏在字里行间，有迹可循。而寄托则把暗示部分埋伏在语境中，读者必须要联系具体的语境去寻找，即刘勰所谓"义生文外"。试看王维的《山居秋暝》：

空山新雨后，天气晚来秋。

明月松间照，清泉石上流。

竹喧归浣女，莲动下渔舟。

随意春芳歇，王孙自可留。

这首脍炙人口的山水名篇，于诗情画意中寄托着诗人高洁情怀和理想境界的追求。"空山新雨后，天气晚来秋。"点出了此处的幽静清新有如世外桃源，山雨初霁，万物为之一新，又是初秋雨后的傍晚，明月当空，微风习习，清泉鸣唱，树影婆娑，景象之美无可名状。接下来的"竹喧归浣女，莲动下渔舟"打破了这里的"空山"静谧的气氛，告诉人们，在这青松明月之下，翠竹青莲之中，生活着一群无忧无虑、勤劳善良的人们。这纯洁美好的生活图景，反映了诗人内心所追求的安静淳朴生活的理想。诗中颔联和颈联都是写景，但各有侧重。颔联写物，颈联写人。泉水、青松、翠竹、莲舟，都是诗人高尚情操的写照。诗人通过对山水的描写寄托人生的追求，以物芳而明志高，以人和而望政通。内涵丰富耐人寻味。"随意春芳歇，王孙自可留"，道出了诗人归隐山林的心声。

月下独酌（其一）

李白（唐）

花间一壶酒,独酌无相亲①。
举杯邀明月,对影成三人。
月既不解饮②,影徒③随我身。
暂伴月将④影,行乐须及春。
我歌月徘徊,我舞影零乱。
醒时同交欢⑤,醉后各分散。
永结无情游⑥,相期邈云汉⑦。

注释

①**无相亲**:没有亲近的人。
②**不解饮**:不懂得喝酒。
③**徒**:徒然,白白的。
④**将**:和,共。
⑤**同交欢**:一起欢乐。一作"相交欢"。
⑥**情游**:忘情的游乐。
⑦**云汉**:银河,这里指遥天仙境。

如是我读:

李白有《把酒问月》诗"唯愿当歌对酒时,月光长照金樽里",图画由两个要素构成,一个是月光,一个是金樽,两者的意味是双重的,月光代表永恒,金樽代表生命的短暂,然而二者统一为一个意象,短暂的生命由于有了月光,意味就变得欢快了,在人世多变与自然相对稳定不变的对比中,显示出一种哲理的深刻。

《月下独酌》这首诗也是以月光和酒为意象的主体,但它没有把月亮当成被问的对象,而是把它当成有生命的大活人。诗歌扣"独"字,有花间一壶酒,却"无相亲",这是第一个层次;"邀"明月而成三人,层次的上升,强化了欢乐的氛围,但是人、月、影子凑成的三人,其实在增添"独"的色彩;"暂伴月将影,行乐须及春"交织着欢乐和悲凉,一方面是想象中的解脱自由,另一方面则是现实的孤独压力。这首诗发挥古风自由体的特色,不以传统的比兴取胜,而完全是直接抒发,其想象之奇特是其成功之道,而其想象奇特的原因在于其想象逻辑之曲折。"醒时同交欢,醉后各分散。"诗人意识到只有在酒醉中对抗孤独的胜利是暂时,梦总是会在清醒的痛苦中醒来,但是,在天外的银河之上或许有相逢的日子,自我安慰里有拂之不去的沉重无奈。杜甫称赞他诗歌中的想象力"白也诗无敌,飘然思不群"。李白厌恶当时社会的污浊、黑暗和虚伪,却又无法摆脱它,只好在幻想的仙境中和醉乡里去求解脱,于是,仙与酒构成的意象也最富有李白的特色。

文选7-2

定风波①

苏轼（宋）

三月七日，沙湖道中②遇雨。雨具先去，同行皆狼狈，余独③不觉，已而遂晴，故作此词。

莫听穿林打叶声，何妨④吟啸⑤且徐行。竹杖芒鞋轻⑥胜马，谁怕?一蓑⑦烟雨任平生。

料峭⑧春风吹酒醒，微冷，山头斜照却相迎。回首向来⑨萧瑟处，归去，也无风雨也无晴。

注释

①**定风波**：词牌名。

②**道中**：去往沙湖的路上。

③**独**：只有我一个。

④**何妨**：表明词人在雨中从容不迫，悠然缓行的神态。

⑤**吟啸**：吟咏长啸。

⑥**轻**：轻松，轻快。

⑦**蓑**(suō)：蓑衣，用棕制成的雨披。

⑧**料峭**：微寒的样子。

⑨**向来**：方才。

如是我读：

苏轼号"东坡居士"，学富才雄，为一代文宗，与其父苏洵、弟苏辙世称"三苏"。在朝为官期间，曾进策25篇，要求改革政治，在王安石全面推行新法时，觉得王安石的变法过于激烈严酷，因而站在保守派一边反对新法并要求外调，先后出任杭州、密州、徐州等地方官。此后因写诗在湖州被捕入狱，即所谓"乌台诗案"，接着贬为黄州团练副使。哲宗即位，被召回，官翰林学士，龙图阁学士等，这时他又反对以司马光为首的保守派尽弃新法的做法，被迫离朝，在杭州、颖州、扬州等地任职。哲宗亲政，继行新法，苏轼又被贬到广东的惠州、海南等地。苏轼20岁中进士，但身处"党争"夹缝，一生屡屡遭困，对待政治上的变化和自己的大起大落，也往往以旷达气度泰然处之。

不必害怕树林中风雨的声音，何妨放开喉咙吟唱从容而行，披一蓑衣足够抵挡一生的风雨，回首来程风雨潇潇的情景，归去，不管它是风雨还是放晴。他把自己的胸襟气度，人生经历融入词作中，形成了不同于前人的鲜明个性特色。词到了苏轼的手里不再是佐酒欢愉的"媚骨"，而成为词人自己言志抒情的工具，于是可以像写诗那样让自己的性情自然流露于词中，达到自然天成的地步。

文选7-3

长相思①

纳兰性德（清）

山一程, 水一程②, 身向榆关那畔③行, 夜深千帐④灯。
风一更⑤, 雪一更, 聒⑥碎乡心梦不成, 故园无此声。

注释

①**长相思**。唐教坊曲, 双翅小令。又名《双红豆》。
②**山一程，水一程**：山长水远。
③**那畔**：指山海关的另一边。
④**帐**：用布或其他材料等做成的遮蔽用的东西。
⑤**更**：旧时一夜分五更, 每更大约两小时。
⑥**聒**(guō)：这里指风雪声。

如是我读：

纳兰性德(1655—1685), 满洲人, 字容若, 满族正黄旗人, 是明珠的长子。本词写于康熙二十一年, 伴随康熙帝出山海关, 祭祀长白山。这首词写得很传神、很动情, "更"是指时间, 和上面"程"所指的路程, 形成了工整的对仗。"纳兰词"在清代乃至整个中国词坛上都享有很高的声誉, 在中国文学史上占有光彩夺目的一席。

文本分析任务7

你如何看待李白在孤独寂寞时与月影交欢, 苏轼在人生萧瑟处从容超脱的情怀, 纳兰性德远离故园的羁旅情愁?

诗歌中的物我关系

诗歌中物我关系的运用是极为常见的，也是诗歌创作的传统内容之一，他们之间的密切联系也是不可分割的。总的来说，诗歌中几乎不存在单一的"我"或者单一的"物"，他们总是相互依存、相互影响，只是在不同的诗歌中，因作者的风格、阅历、观点等方面的差异，而使诗歌在"物"或"我"的表现中有所侧重。因之，若是想要将自己的情感及心灵最深处的感触抒发出来，并达到让别人认识自己的效果，很多时候不得不借助外物的形象进行展示，再通过诗歌中的语言文字将自己内在的世界与外在世界进行有效的结合，以此形成一种美好的艺术创作。

物我关系在诗歌的创作中可以有所细分。第一，是物我相融。这样的物我关系，通过借景抒情或者睹物思人等使得诗歌中被描述的物象折射出诗人的感情和思想，物我相照，渲染出一定的氛围。就如"举头望明月，低头思故乡"，睹物思情，望月思乡。或者如"人面不知何处去，桃花依旧笑春风"，物是人非，触景伤怀。诗歌中情景交融的手法使诗人的情感表达得更为自然、委婉及深刻。

第二，是物我合一。即物即是我，我即是物，用物写人，人即物象，再用类似的化学反应比喻，可以认为是一种物质和另一种物质发生了化学反应，生成了一种新物质，而这种新物质就是诗歌中的那些只能从物的角度抒发的诗人情感，而在其他角度中是无法发觉的。而这种物我关系更多的是通过象征等手法得以体现的。王维的《红豆》一诗，流传天下：红豆生南国，春来发几枝。愿君多采撷，此物最相思。据说此诗是诗人从江阴经过，见萧统当年手植的两株红豆树而写，有萧统与慧娘哀艳凄美的悲剧作背景，"红豆"一词就是"爱情"的象征，到了中唐以后，"红豆"两字的含义就由单纯地指代爱情，渐渐延伸为故国故园之思，杜甫作"红豆啄余鹦鹉粒，碧梧栖老凤凰枝"就有此意。

第三，是物我两忘。从物我合一延伸开来，还有更深一个层次，即"物"与"我"在发生了"反应"之后，"物"与"我"都已不再存在，这一点用艺术一些的文字也可以理解为"物我两相忘"，就像李白的"相看两不厌，唯有敬亭山"，诗人面对着敬亭山伫立相视许久之后，已不知道我是敬亭山，还是敬亭山是我。或者说是像庄子梦见蝴蝶醒来后，不知道蝴蝶是自己还是自己是蝴蝶一样。

"物我两忘"是与诗学有关的古代美学概念，指创作时艺术家的主体与创作对象的客体浑然为一而兼忘的境界。语见沈约《郊居赋》云:"惟至人之非己,固物我而兼忘。"在艺术创作中,当作者构思进入最微妙的阶段,"凝思之极",也会达到主体与客体完全融合一致的状态。庄子描写工匠倕塑造器物时"指与物化,而不以心稽",吕梁丈夫能踏水自如,"与齐俱入,与汨偕出",皆在其"灵台一而不稽",能与物俱化,物我两忘的缘故。

虞美人①

李煜（南唐）

春花秋月何时了?往事知多少。
小楼昨夜又东风②,故国不堪回首月明中。
雕栏玉砌③应犹在,只是朱颜改。
问君能有几多愁?恰似一江春水④向东流。

注释

①**虞美人:** 词牌名,本唐教坊曲,也称为"忆柳曲""玉壶冰"。
②**东风:** 春风。
③**雕栏玉砌:** 指远在金陵的南唐故宫。
④**春水:** 春天江水上涨,比喻水盛,这里指内心的愁绪。

如是我读:

　　小楼上昨夜又刮来了春天的东风,在月明中对已亡的本国不忍回首去想念。这段由国王成为俘虏、成为囚徒的人生经历,这天堂地狱的反差,使他不能不从醉生梦死的生活中清醒过来,在这首词里倾泻自己巨大的哀痛。问一问自己能有多少愁?正像那一江春水滔滔不绝地向东流,用江水东流比喻愁思不断,实在太确切、太形象了。写这首词的那天,是他的生日,978年七夕日,这天晚上他以高级俘虏的身份,邀请歌姬饮酒作乐,歌姬们唱起这个曲子,越唱越激动,越唱越悲哀,悲声响彻夜空,被宋太宗听到,认为是不祥之音,于是把他毒死。中国台湾歌手邓丽君把这首诗翻唱得哀婉凄切,令人唏嘘不已。

文选8-2

出塞

王昌龄（唐）

秦时明月汉时关①，万里长征人未还。
但②使龙城飞将③在，不教胡马④度阴山。

注释

①此句"**秦**""**汉**"互文见意。
②**但：**只要。
③**龙城：**龙城是匈奴祭天集会的地方，汉车骑将军卫青出击至此。飞将：指汉朝名将李广而言，匈奴畏惧他的神勇，特称他为"飞将军"。
④**胡马：**指代胡人的兵马和军队。

如是我读：

王昌龄在盛唐诗人中地位很高，在李白和杜甫还没有被人尊为"双子星座"的时候，他曾是当时诗坛的"天子"。诗歌开头一句是怀古伤今的起兴：月亮还是秦时的月亮，边关仍是汉代的边关，这样，顿时有了开阔的空间与渺远的时间，开阔的空间造成空旷寂寥的感觉，渺远的时间引发悲凉失望的伤感，语言内涵丰富而形式却极其简练。如果我们用《王昌龄诗格》"搜求于象，心入于境"的理论来观照他自己的诗作，那么就可以发现他的七言绝句能够将心灵、世界、语言和谐地融汇在一起，让人感到他构思绵密细致而表达自然流畅。这也许是他正处于"学士院"诗人与"京城外"诗人之间糅合了"雅""野"二体，综合了声律修辞与风骨气势两种长处的结果。

文选8-3

声声慢①

李清照（宋）

寻寻觅觅，冷冷清清，凄凄惨惨戚戚。乍暖还寒②时候，最难将息。三杯两盏淡酒③，怎敌他晚来风急？雁过也，正伤心，却是旧时相识。

满地黄花堆积。憔悴④损，如今有谁堪摘？守著窗儿，独自怎生④得黑？梧桐更兼⑥细雨，到黄昏，点点滴滴。这次第，怎一个愁字了得！

注释

①**声声慢：**词牌名，双调，分平韵和仄韵两体，仄韵例用入声。
②**乍暖还**(huán)**寒：**指天气忽然变暖又转寒冷。
③**淡酒：**这里不是指酒的浓度淡，而是写愁绪之浓重。
④**憔悴：**此处指满地的黄花，也指词人自己。
⑤**怎生：**怎样的。**生：**语助词。
⑥**兼：**同时涉及，这里指梧桐和细雨。

如是我读：

李清照，号称"易安居士"，出生于一个有着高度文化修养的士大夫家庭，早有诗名。18岁时与赵明诚结婚，过了一段幸福美满的生活，晚年她为赵明诚著《金石录》所写的《后序》中，记述了他们婚后共同收藏字画、鉴赏古器、品茗读书的生活情景。靖康事变以后，先是字画古物大部分丧失，更不幸的是赵明诚暴病身亡。后期作品以饱经离乱，抒发家国之思和劫后余生的作品较多。

李清照是中国古代文学成就最高的女性，她的艺术才华和文史修养俱深，诗、词、文都造诣非凡，其中对后世影响最大的还是她的词作。这首词，大多词评家集中赞赏她用的14个叠字，其实叠字的成功在于表达她的感情特征方面达到了高度的和谐。一开头是没来由的,不知道自己要寻觅什么?紧接着冷清变成了凄惨,情感变得深沉,于是才借酒将息自己的身体和情绪,但是淡酒还无法抵挡晚来的寒风,这时旧时相识的雁,将思绪带出好远好远,怎能不伤心呢?"满地黄花"和"梧桐更兼细雨"是高潮,再度强化时间的冗长,情感的悲郁,生命苦短变成了生命苦长,这次第,这过程,并不限于眼前有限的时间,而是整个生命的凄楚,其中又还有超越煎熬,凄楚之外的诗意在内。

文本分析任务8

古代诗歌中关于"愁"的意象有很多,结合你学习过的其他诗歌作品分析哪些意象和愁情有关,原因是什么?

诗歌中的用典和比喻

中学生读诗，往往给典故难住，所以需要注释，其实，用典故跟比喻往往是一个道理，并无深奥可畏之处，不过比喻多取材于眼前的事物，容易了解罢了。比喻和典故是诗的主要的生命素，诗的含蓄，诗的多义，诗的暗示性，大多就源于此。举例王之涣《登鹳雀楼》：白日依山尽，黄河入海流。欲穷千里目，更上一层楼。鹳雀楼在平阳府蒲州城上，登楼观景，一层楼的境界已穷"白日依山尽，黄河入海流"。"欲穷千里目"，得上高处去。这是小中见大，浅中见深，喻指的是人生，意思是人生要有大格局，看得更远、更清楚，得向高处去。

用典是用事，是一种修辞手法，多见于诗歌中，引用古籍中的故事或词句为用典，可以丰富而含蓄地表达有关的内容和思想。刘勰在《文心雕龙》里诠释"用典"，说是"据事以类义，援古以证今"。即是用来以古比今，以古证今，借古抒怀。用典既要师其意，尚须能于故中求新，更须能令如己出，而不露痕迹，所谓"水中着盐，饮水乃知盐味"，方为佳作。如刘禹锡《乌衣巷》：朱雀桥边野草花，乌衣巷口夕阳斜。旧时王谢堂前燕，飞入寻常百姓家。"乌衣巷"是晋代王导、谢安住过的地方，唐代早为民居。诗中只用野花、夕阳、燕子，对照今昔，在对历史典故的追忆中显出盛衰不常的感慨万千。

诗中有不便直述者，可借典故之暗示，婉转道出作者之心声，即所谓"据事以类义"也。如《唐诗纪事》卷十六引："宁王李宪见卖饼者之妻明艳动人，而强娶为妾，且十分宠爱。翌年，宁王问'犹忆饼师否？'其妻颔首。宁王召饼师进府，其妻面对故夫，泪流满颊，凄婉欲绝。时有十余文士在座，意皆感动，宁王命做诗以记其事。王维诗云：

莫以今时宠，而忘旧日恩；

看花满眼泪，不共楚王言。

借春秋息夫人之典故，以显出女人之坚贞，使宁王深受感动，而让其与故夫团聚。典出《左传》"庄公十四年，楚子灭息，以息妫归，生堵敖及成王焉，未言。楚子问之，对曰：吾一妇人，而事二夫，纵弗能死，其又奚言"。

有时全诗是一套事物的比喻，或者是一套事物的比喻渗透在全诗里。如朱庆馀《近试上张水部》：洞房昨夜停红烛，待晓堂前拜舅姑。妆罢低声问夫婿："画眉深浅入时无?"全诗是新嫁娘的话,她在拜舅姑之前问夫婿画眉深浅合适否?唐代士子应试,先将所作的诗文呈给在朝的知名人士看,若得他赞许宣扬,登科便不难。"画眉深浅"实际是喻指朱庆馀问张籍诗文合适与否,为的请张籍指点,好让考官看得入眼,这是全诗的主旨。

文选9-1

忆江南①词三首

白居易（唐）

江南好，风景旧②曾谙。日出江花红胜火，春来江水绿如蓝。能不忆江南？

江南忆，最忆是杭州。山寺月中寻桂子③，郡亭④枕上看潮头。何日更重游！

江南忆，其次忆吴宫。吴酒一杯春竹叶⑤，吴娃双舞醉芙蓉。早晚复⑥相逢！

注释

①**忆江南**：唐教坊曲名。作者题下自注说："此曲亦名'谢秋娘'，每首五句。"
②**旧**：过去。
③**桂子**：桂花。
④**郡亭**：古代郡守衙署每有花园称郡圃，有亭则称郡亭。
⑤**竹叶**：酒名，泛指美酒。
⑥**复**：再，重来。

如是我读：

这首词是作者晚年居洛阳时所填，作者早年曾旅居浙、皖之间达六年之久，以后又先后在苏州、杭州任职，故对江南景物既熟悉又亲切。春天的江面升起太阳，把江边的鲜花照得比火红，碧绿的江水绿得胜过蓝草。怎能叫人不怀念江南？江南的回忆，最能唤起追思的是杭州：游玩灵隐寺寻找皎洁月亮下的桂子，或者登上郡亭，枕卧其上，欣赏磅礴雄伟的钱塘江大潮；江南的回忆，当然还有苏州的吴宫，喝一口吴宫的春竹叶，看歌女双双起舞像朵朵迷人的芙蓉。不知道什么时候我才能再次相逢！

白居易抒情写景的诗歌有这样的好处，他很少用典，只是以极其平常的语言,倾吐内心的感受,亲切自然,娓娓动人。《忆江南》就是很好的例子,初春给人带来的那种轻快的心境,用画面来呈现,色彩对比度强,明艳亮丽,状写景物如在眼前;"寻桂子""看潮头""吴酒一杯""吴娃双舞"写人物的日常,用口头语言表达,浅易生动。

文选9-2

青玉案①·元夕②

辛弃疾（宋）

东风夜放花千树③。更吹落、星如雨。宝马雕车香满路④。凤箫⑤声动,玉壶光转⑥,一夜鱼龙舞。

蛾儿雪柳黄金缕⑦。笑语盈盈暗香去。众里寻他千百度。蓦然回首,那人却在,灯火阑珊⑧处。

注释

①**青玉案**:词牌名,双调,六十六字,押仄声韵。

②**元夕**:夏历正月十五日为上元节,此夜称元夕或元夜。

③**放**: 花灯之多如千树开花。

④**香满路:** 暗指豪华马车里的女眷们。

⑤**凤箫:** 指笙、箫等乐器演奏,一种美称。

⑥**光转:** 指月光移动。

⑦**蛾儿、雪柳、黄金缕:** 皆古代妇女元宵节时头上佩戴的各种装饰品。这里指盛装的妇女。

⑧**阑珊**:零落,清冷。

如是我读:

辛弃疾与苏轼并称词坛巨匠,他们的词都显示了宏大的才力、壮阔的胸怀和豪放的气概。但二者又有很大的不同。辛弃疾身处偏安一隅的南宋半壁河山,作为胸怀忠义,胆识过人的志士,词人以大量的词作倾诉自己满怀忧愤,痛心疾首的心情,其深、其痛、其热切,在作品中都达到了前所未有的境地。

　　这首词上片写景，"花千树""星如雨"和"凤箫声动"，写出元宵节灯会的盛况，彻夜欢乐。下片由物转而写人，这些盛装的游女一个个雾鬓云鬟，边说笑边走过，只有香气在暗中飘散，我在人群中寻找她千百回，猛然一回头，不经意间却在灯火零落之处发现了她。你看，前面的写景都是铺垫，后面的写人才是词的宗旨所在，意境多么深远啊！梁启超称赞这首词"自怜幽独，伤心人别有幽抱"，恐怕这种细腻的描写，巧妙的设景写人，营造出一首有意境的爱情诗。王国维先生在《人间词话》中，将这个境界作为人之成大事业者必定要经历的最高境界。

文选9-3

念奴娇①·赤壁②怀古

苏轼（宋）

大江东去，浪淘尽，千古风流③人物。故垒④西边，人道是，三国周郎⑤赤壁。乱石穿空，惊涛拍岸，卷起千堆雪。江山如画，一时多少豪杰。

遥想公瑾⑥当年，小乔初嫁了⑦，雄姿英发。羽扇纶巾⑧，谈笑间樯橹⑨灰飞烟灭。故国神游，多情应笑我，早生华发。人生如梦，一樽还酹江月⑩。

注释

①**念奴娇**：词牌名，调名取自唐玄宗天宝间著名歌妓念奴。

②**赤壁**：一指黄州赤壁，在今湖北黄冈西；一指三国古战场的赤壁，在今湖北赤壁市蒲圻县西北。

③**风流**：风采特异，业绩突出。

④**故垒**：过去遗留下来的营垒。

⑤**郎**：对年轻男子的称呼。

⑥**公瑾**：指三国时吴国名将周瑜，24岁为中郎将，掌管东吴重兵，吴中皆呼为"周郎"。

⑦**初嫁了**：历史真实时间距离赤壁之战其实有十年了，这里形容周瑜少年得意。

⑧**纶巾**：青丝制成的头巾，文士打扮。

⑨**樯橹**（qiánglǔ）：这里代指曹操的水军战船。樯，挂帆的桅杆。橹，一种摇船的桨。

⑩**酹**（lèi）**江月**：酹：古人祭奠以酒浇在地上祭奠或起誓。这里指洒酒酬月。

如是我读：

苏轼因作诗讥刺新法推行过程中的弊端，被捕入狱，险遭不测，被贬为黄州团练副使，时为宋神宗元丰五年（1082年）七月，苏轼已经四十七岁。开头四句：大江之水滚滚不断向东流去，淘尽了那些千古风流的人物。那旧垒的西边，人们说是三国周瑜破曹军的赤壁。词中营造当年战争的热烈气氛和摄人声势，只是艺术夸张而已，范成大《吴船录》已指出："赤壁，小赤土山也。未见所谓'乱石穿空'及'蒙茸巉岩'之境，东坡词赋微夸焉。"雄壮的江山奇美如画，一时间涌现出多少英雄豪杰。豪迈壮阔，把江山、历史、千古风流人物尽收笔底，于是自然而入"赤壁怀古"题意。

下片回忆三国的战事和人物，值得注意。词人给予周瑜特写镜头，绝代佳人小乔新嫁于他，他英姿奋发，手摇羽扇，头戴纶巾，从容潇洒地在说笑闲谈之间，八十万曹军如灰飞烟灭。其时距赤壁之战已经十年，此处言"初嫁"，是言其少年得意，倜傥风流。自愧和感伤是免不了的，"人生如梦"之叹，也有消极的成分，但这一切仍不掩其面对壮丽江山、缅怀千古英才所激起的奋发进取情怀和全词雄伟豪迈气派。

文本分析任务9

同样是场面描写《忆江南》和《青玉案》有什么不一样的地方？同样描写江南的女子形象，两首诗歌采用的艺术手法相同吗？

导读10

叙事诗

　　叙事诗是中国诗歌的一种,中国古代的民间叙事诗,以叙述历史或当代的事件为内容,有比较完整的故事情节和人物形象。到了唐代,元稹和白居易等文人也开始大量创作叙事诗,与古代的民间叙事诗不同,属于文人叙事诗。古典诗歌中著名的叙事诗有《木兰诗》《孔雀东南飞》《长恨歌》《琵琶行》等。

　　中国的民间叙事诗是一种具有比较完整的故事情节的韵文或散韵结合的民间诗歌。叙事性是民间叙事诗的突出特点,在民间叙事诗的创作和传播中,艺人、歌手等起着比较重要的作用,有些重要作品还有专业的歌唱人员,这类诗歌除以口头形式流传外,有的还有手抄本。比如,我们熟悉的《琵琶行》和《长恨歌》。

　　中国民间叙事诗大多结构比较完整,故事有开端、发展、高潮和结局,有些还有尾声。比兴、夸张、排比、拟人、重叠、复沓等修辞手法比比皆是,其中不乏比较完美的文学作品,长久流传并产生影响,在中国民间文学中具有重要地位。

　　叙事诗中常常出现抒情插笔——诗人自己站出来,直接向读者倾吐自己对所叙之事的审美评价,抒发自己的激情。这些抒情插笔,是联系全诗各部分的纽带,而且经常是"居要"的"片言",是精辟的警句。当然,叙事诗在诗中有自己的特点——叙事,这是抒情诗不能取代的。生活给叙事诗留下了位置,和抒情诗相比,叙事诗所叙之事是完整的;抒情诗即便有故事,这故事也不完整,叙事诗的故事却具有完整性。

　　西方的叙事诗可以追溯到希腊史诗,荷马留下两部书:《伊利亚特》——漫长的战争,《奥德赛》——漫长的奇迹。西方古代有游吟诗人、行吟诗人,可能不识字,能唱,能弹,唱的都是历史故事。这一点有点像早期的中国叙事诗有的诉诸音乐的传播。荷马,长着络腮胡子,眼睛瞎了,一村一村游唱,后世成了经典。《伊利亚特》叙述的是特洛伊战争的故事,战争持续9年,9年后,起内讧,奥德修斯的故事以此开始:史诗共24卷,是24天之间的战争纪实,叙述中心,是阿克琉斯的愤怒——9年切开,仅写这一层,战争是兽性的暴露。《奥德赛》叙述特洛伊城陷落,希腊全胜之后,海伦回来了,其他英雄陆续回归,独有奥德修斯在归途中历经各地,多年后漂流回家。没有暴烈的战争,没有震撼人心的描写,《奥德赛》是女性的、温和的、富有人情味的。

荷马史诗不仅是文学，而且是文献。近世，希腊与周边国家发现荷马所写的城邑、器物，均分批出土，迈锡尼发现了城墙与城门，还有国王的寝陵。殉葬器中竟有《奥德赛》所记奥德修斯用过的金胸针，都与史诗所载相符，可见真实性。特洛伊所在的海边发现了《奥德赛》所写的海王国，有宏丽宫殿的残迹。由此可见，史诗非虚构，而是实迹记载，荷马传唱的史诗，原来是人类已经遗忘的世界。

文选10-1

木兰辞①

汉乐府

唧唧②复唧唧,木兰当户织。

不闻机杼声,唯闻女叹息。

问女何所思,问女何所忆?

女亦无所思,女亦无所忆。

昨夜见军帖,可汗③大点兵。

军书十二卷,卷卷有爷④名。

阿爷无大儿,木兰无长兄。

愿为市鞍马,从此替爷征。

东市买骏马,西市买鞍鞯⑤,

南市买辔头⑥,北市买长鞭。

朝辞爷娘去,暮宿黄河边。

不闻爷娘唤女声,但闻黄河流水鸣溅溅⑦。

旦辞黄河去,暮至黑山头。

不闻爷娘唤女声,但闻燕山胡骑声啾啾。

万里赴戎机⑧,关山度若飞。

朔气传金柝⑨,寒光照铁衣。

将军百战死,壮士十年归。

归来见天子,天子坐明堂。

策勋十二转⑩,赏赐百千强⑪。

可汗问所欲,木兰不用尚书郎⑫。

愿借明驼千里足,送儿还故乡。

爷娘闻女来,出郭⑬相扶将⑭。

阿姊闻妹来,当户理红妆。

小弟闻姊来,磨刀霍霍向猪羊。

开我东阁门,坐我西阁床。

脱我战时袍,著我旧时裳。

当窗理云鬓,对镜帖花黄⑮。

出门看火伴⑯,火伴皆惊惶。

"同行十二年,不知木兰是女郎!"

雄兔脚扑朔,雌兔眼迷离。

双兔傍地走,安能辨我是雄雌?

注释

①本篇乐府诗集收入《梁鼓角横吹曲》。

②唧唧:叹息声。

③可汗(kè hán):古代西北地区民族对君主的称呼。

④爷:和下文的"阿爷"一样,都指父亲。

⑤鞯(jiān):马鞍下的垫子。

⑥辔(pèi)头:驾驭牲口用的嚼子、笼头和缰绳。

⑦溅溅(jiān jiān):水流的声音。

⑧戎机:犹军事机要。

⑨金柝(tuò):刁斗,古代军中用的一种铁锅,白天用来做饭,晚上用来报更。

⑩转:勋级每升一级叫一转,十二转为最高的勋级。十二转:不是确数,形容功劳极高。

⑪百千:形容数量多。强,有余。

⑫尚书郎:官名,汉以来尚书分曹,任曹务者称尚书郎。

⑬郭:外城。

⑭相扶将:互相搀扶着。将:助词,不译。

⑮花黄:古代妇女的一种面部装饰物。

⑯火伴:伙伴。

如是我读:

北朝民歌大多数是通过南朝乐府官署采集保留下来的,特别在梁朝的《鼓角横吹曲》中保存最多。北朝民歌的特色很鲜明,它的粗犷、雄健、直率,不仅与南朝民歌截然不同,也与秦汉以来中原地区民歌有显著区别。

　　这是一首叙事诗,时间跨度有十年之久,叙述的主线是:木兰替父出征参加战斗,为国立下大功,却并不在乎,她拒绝了功名和官职,甚至是财富,她只想回到故乡,享受平民家庭的欢乐,恢复自己的女性身份。这个英雄的内涵不单纯是没有英雄感的平民百姓的身份,而且恢复了爱家人爱美爱自己的女性身份。在写作上值得注意的是,本文叙述简洁,花木兰百战之苦,十年之艰采用的是快速叙述,但是在另一方面,该铺张的时候,可谓极尽渲染之能事,如"东市买骏马,西市买鞍鞯,南市买辔头,北市买长鞭"。还有前文的心理描写"问女何所思,问女何所忆?女亦无所思,女亦无所忆",这种铺张能够唤起读者阅读经验中关于民间文学所特有的韵律,有一种天真朴素的情趣。最好的例子是"鱼戏莲叶间,鱼戏莲叶东,鱼戏莲叶西,鱼戏莲叶南,鱼戏莲叶北。"小说叙述中我们称之为"慢速叙述",可以想见,南北朝的民歌在质朴天然的基础上也有自觉的艺术追求。

文选10-2

长恨歌

（节选）

白居易（唐）

汉皇①重色思倾国②，御宇多年求不得。
杨家有女③初长成，养在深闺人未识。
天生丽质难自弃，一朝选在君王侧。
回眸一笑百媚生，六宫粉黛④无颜色。
春寒赐浴华清池⑤，温泉水滑洗凝脂。
侍儿扶起娇无力，始是新承恩泽时。
云鬓花颜金步摇⑥，芙蓉帐暖度春宵。
春宵苦短日高起，从此君王不早朝。
承欢侍宴无闲暇，春从春游夜专夜。
后宫佳丽三千人，三千宠爱在一身。
金屋⑦妆成娇侍夜，玉楼宴罢醉和春。
姊妹弟兄皆列土，可怜⑧光彩生门户。
遂令天下父母心，不重生男重生女。
骊宫高处入青云，仙乐风飘处处闻。
缓歌慢舞凝丝竹，尽日君王看不足。

注释

①**汉皇：**原指汉武帝刘彻。此处借指唐玄宗李隆基，唐文学创作常以汉称唐。

②**倾国：**绝色女子。汉代李延年对汉武帝唱了一首歌："北方有佳人，绝世而独立。一顾倾人城，再顾倾人国。宁不知倾城与倾国，佳人难再得。"后来，"倾国倾城"就成为美女的代称。

③**杨家有女：**蜀州司户杨玄琰，有女杨玉环，自幼由叔父杨玄珪抚养，17岁（开元二十三年）被册封为玄宗之子寿王李瑁之妃。27岁被玄宗册封为贵妃。白居易此谓"养在深闺人未识"，是作者有意为帝王避讳的说法。

④**六宫粉黛：**指宫中所有嫔妃。古代皇帝设六宫，正寝（日常处理政务之地）一，燕寝（休息之地）五，合称六宫。

⑤**华清池：**在今陕西临潼区南的骊山下著名的温泉。唐玄宗每年冬、春季都到此居住。

⑥**金步摇：**一种金首饰，用金银丝盘成花之形状，上面缀着垂珠之类，插于发鬓，走路时摇曳生姿。

⑦**金屋：**《汉武故事》记载，武帝幼时，他姑妈将他抱在膝上，问他要不要她的女儿阿娇作妻子。他笑着回答说："若得阿娇，当以金屋藏之。"

⑧**可怜：**可爱，值得羡慕。

如是我读：

《长恨歌》不像抒情诗是按作家情感发展的线索来组织结构的，而是按人物命运变化的线索来组织结构，从头到尾围绕着李、杨的爱情展开。这是小说的叙述方式。《长恨歌》首要的特色是描写得委婉、细致。对杨玉环入宫前后的美色娇姿，对她在蓬莱宫里的音容笑貌，工笔细描。既描写人物的外貌、动作，描写女性的佩饰、宫廷和野外的风景，也描写人物的情感，做到充分的形象化。

下文对于安史之乱这样惊天的大事却一笔带过，并不是段段求详，而是详略得当。据《旧唐书·后妃传》等记载，杨贵妃有姊三人，玄宗并封国夫人之号。长曰大姨，封韩国夫人。三姨，封虢国夫人。八姨，封秦国夫人。妃父玄琰，累赠太尉、齐国公。母封凉国夫人。叔玄珪，为光禄卿。再从兄铦，为鸿胪卿。锜，为侍御史，尚武惠妃女太华公主。从祖兄国忠，为右丞相。姊妹，姐妹。陈鸿《长恨歌传》云，当时民谣有"生女勿悲酸，生男勿喜欢"，"男不封侯女作妃，看女却为门上楣"等。白居易在诗歌的后半还大胆虚构"虚无缥缈"的仙山琼阁，这也是对小说文体特征的恰当运用，故事诗情节的进展有较大的跳跃性。《长恨歌》的这些做法，标志着唐代小说文体意识的觉醒。

文本分析任务10

比较分析"花木兰"和"杨贵妃"两个人物形象？你比较喜欢哪一个？能谈谈你的理由吗？

下编

国学部分

章首

　　多读一点中国传统的典籍作用何在，史学家吕思勉是这样说的："凡学问，皆贵先难而后获，文学尤甚。因为较后的语文，其根源，都在较早时期的语文之内，所以学文言文的，顺流而下易，沿流溯源难。"因此，国学部分的选文在体例上首先体现了对史书的重视，尤其是编年类的史书，便于初学者把握历史的大概和时代的大势；其次是选文内容更全面一些，"经""史""子""集"均有涉猎。对于青年学生来说，人格尚未固定，性情还可塑造，初学之时，心思要空灵，眼光要远大，应该从博览处入手。

为什么要读《三字经》

《三字经》内容广泛,包括了教育、历史、天文、地理、伦理和道德以及一些民间传说,是学习中华传统文化不可多得的经典启蒙读物和小百科。2009年春节期间钱文忠先生在央视《百家讲坛》开讲《三字经》。钱文忠先生是著名国宝级大师季羡林教授的入室弟子、复旦大学历史系教授、华东师范大学东方文化研究中心研究员,中国仅有的几位专业研究梵文、巴利文的学者之一。钱先生以深厚的国学功底解读《三字经》,借鉴古人、融会历史、贯通现代,将积淀千年的中国传统文化,用生动的语言、鲜活的事例演绎成当今社会生活道德规范的宝贵镜鉴。

这部《三字经》,从宋朝开始一直流传至今。这部书从内容到形式,都有自己的特点。从形式上看,三个字一句,朗朗上口,非常易于记诵,在古代是可以吟唱的。在今天好多地区,如客家人,我们知道他们主要居住在广东、福建和江西一带,他们对《三字经》还是可以像歌谣一样唱的。从内容上看,它用最简单的语句,最凝练的方式,把中国漫长的传统社会所集聚下来的最重要的道德、知识,汇聚在里边。也正因如此,《三字经》一直流传不绝。在中国宋朝以后流行的这种传统的启蒙书,主要是我们通常所说的"三百千",即《三字经》《百家姓》《千字文》,这些都是孩子的启蒙读物。大家一听这个"三百千",马上会有一个感觉,为什么只有《三字经》称"经"呢?为什么《百家姓》不叫《百家姓经》呢?为什么《千字文》不叫《千字经》呢?这就彰显了《三字经》的重要性。

也许大家会说,既然是给儿童看的书,那它一定很简单了,有什么值得讲的呢?这个看法错了!《三字经》的确非常简明扼要,但是也正因为此,它以最简洁明快的方式凝聚了最深厚的文化传统。所以,我们必须用心去阅读,用心去体会,才能真正理解《三字经》所要传达给我们的文化信息,才能理解《三字经》为什么能够流传到今天,才能够理解《三字经》对于中国人来讲,特别是对今天还在学习过程当中的孩子们来讲,有什么不可替代的意义。

《三字经》的开头部分,强调的是品德教育和学习目的,晓以大义之后,用简单的数字序列,传达了丰富的人文思想和传统的哲学观念,小中见大,平中见奇,循序渐进,潜移默化。这的确是古人的教育智慧,既符合孩子的学习接受能力,又让他们记住了关键的知识:有对自然界的认知,还有人们怎样为人处世的道德准则和规范。儒家文化认为, 要先做一个有道德的人, 然后再做一个有知识的人。所以,《三字经》先把为人处世的道理阐释清楚后, 再开始教孩子们怎么读书。

文选1

三字经（节选）

一而十，十而百。百而千，千而万。三才①者，天地人。三光者，日月星。
三纲②者，君臣义。父子亲，夫妇顺。曰春夏，曰秋冬。此四时，运不穷。
曰南北，曰西东。此四方③，应乎中。曰水火，木金土。此五行④，本乎数。
十干⑤者，甲至癸。十二支，子至亥。

曰仁义，礼智信。此五常，不容紊。地所生，有草木。此植物，遍水陆。
有虫鱼，有鸟兽。此动物，能飞走。稻粱菽，麦黍稷。此六谷，人所食。
马牛羊，鸡犬豕。此六畜，人所饲。曰喜怒，曰哀惧。爱恶欲，七情具。
青赤黄，及黑白。此五色，目所识。酸苦甘，及辛咸。此五味⑥，口所含。
膻焦香，及腥朽。此五臭，鼻所嗅。匏土革，木石金。丝与竹，乃八音⑦。

注释

①**三才**：混沌之气，轻清者，上浮而为天，重浊者，下凝而为地，天地之间，万物群生，惟人最贵，生生不息，与天地参，故曰三才。

②**三纲**：天下之大纲者三，君正于朝，为臣之纲；父正于家，为子之纲；夫正于室，为妻之纲，于是君圣臣良，父慈子孝，夫和妇顺。

③**四方**：指东、南、西、北，是指各个方向的位置。这四个方位，必须有个中央位置对应，才能把各个方位定出来。

④**五行**：天地之间，阴阳二气，化生五行，天一生水，地二生火，天三生木，地四生金，天五生土。此五行之生序也。

⑤**十干**：指的是甲、乙、丙、丁、戊、己、庚、辛、壬、癸，又叫"天干"；"十二支"指的是子、丑、寅、卯、辰、巳、午、未、申、酉、戌、亥，又叫"地支"，是古代记时的标记。

⑥**五味**：气味主要有五种，即羊膻味、烧焦味、香味、鱼腥味和腐朽味。

⑦**八音**：制造乐器的材料，分为匏瓜、黏土、皮革、木坨、石头、金属、丝线与

竹子,称为"八音"。

如是我读:

《三字经》一开始先教孩子数数,按照古代的规矩,学生一入学首先就要学数字和方位。我们知道,中国最早的有记载的教育课程是"六艺",即礼、乐、射、御、书、数这六门功课。为了便于诵读,《三字经》把传统中国极其重要的文化概念按照基础的顺序给串讲了一遍,简单的数字序列,传达了丰富的人文思想和传统的哲学观念。仁、义、礼、智、信作为一种道德准则和规范的基本内容,源于先秦时代的诸子百家,强调"此五常,不容紊",是因为按照儒家思想,智和信必须以仁、义、礼为前提,如果没有这个前提,智和信可能是很可怕的。还有值得注意的是,礼乐文化是中国传统文化的重要组成部分,我国古人很早以前就把音乐作为贵族子弟的必修课了。

模拟性研究任务1

材料一:《大西洋底来的人》里面有个博士叫舒拔,他是一位科学天才,非常有才华,但是天天想的居然是如何毁灭人类、摧毁地球。

材料二:汉朝末年有一位孝子叫陆绩,他6岁的时候,就到九江去拜见袁术,袁术一看这个小孩年龄虽小,但乖巧又有才华,就很喜欢他,拿了当时非常珍贵的橘子去招待他。等到跟袁术告别的时候,他跪下来行礼,怀里的两个橘子滚了出来,袁术奇怪,我请你吃橘子,又没有规定你吃几个,你干吗藏两个橘子呢?陆绩就跪着说,我母亲一向很喜欢吃橘子,我想把这两个橘子带回去孝敬我的母亲。袁术深受感动,陆绩也这件事情声名显赫,这个故事就叫"怀橘遗亲"。

你对这两个人物有什么看法?你觉得应该做一个什么样的人?

导读2

《弟子规》的现代意义

"青年者,人生之王,人生之春,人生之华也。"青春是人生最宝贵的时期,是人生的序曲。激扬青春,放飞梦想,不可缺失传统文化的滋养,这是我们成长的根,是我们精神的依归,是我们绽放青春光彩、追寻幸福人生的力量源泉。《弟子规》原名《训蒙文》,原作者是清朝康熙年间的秀才李毓秀。后来清朝贾存仁修订改编《训蒙文》,并改名《弟子规》,成为启蒙养正、教育子弟人品端正、防邪存诚、养成忠厚家风的最佳读物。它以浅显易懂、朗朗上口等特点,深受大家青睐。

十年树木,百年树人,人的成长贵在行为的养成。《弟子规》最为可贵之处就是将学会做人放在了第一位,主张从最基础的行为规范入手,将学会做人规则化。它是让我们得到幸福、成就人生的基础。基于此,我们力图突破《弟子规》的时代局限,从现实生活出发,从目前青少年成长的热点问题出发,解读《弟子规》所蕴含的人生哲理:在当今时代如何学会孝敬、人学会感恩、学会选择、学会学习;如何践行和体验和谐是福,诚信是做人的根本;如何懂得时间的珍贵,选择的重要,使《弟子规》符合时代需求的核心思想融入我们今天的日常生活中,从而促进广大青少年净化心灵,陶冶情操,端正品行,寻求到属于自己的幸福人生。

今年是五四运动100周年,也是中华人民共和国成立70周年,早在80年前,毛泽东同志就指出:中国的青年运动有很好的革命传统,这个传统就是"永久奋斗"。自古英雄出少年,发表《共产党宣言》时马克思30岁,列宁初次参加革命活动只有17岁,牛顿和莱布尼茨发现微积分分别是22岁和28岁,达尔文开始环球航行时22岁,爱因斯坦提出狭义相对论是26岁。让我们共同努力,让青春成为中华民族生气勃发、高歌猛进的持久风景。阅读的实质是就人的价值及其如何实现的议题与古代先贤进行的一次对话,是和当今社会现实的一次对话。

文选2

弟子规（节选）

总叙

弟子①规，圣人训。首孝悌②，次谨信。

泛爱众，而亲仁。有余力，则学文。

入则孝

父母呼，应勿缓。父母命，行勿懒。

父母教，须敬听。父母责，须顺承。

冬则温，夏则清。晨则省③，昏则定④。

出必告，反必面。居有常⑤，业⑥无变。

事虽小，勿擅为。苟擅为⑦，子道亏⑧。

物虽小，勿私藏。苟私藏，亲心伤。

亲所好，力⑨为具⑩。亲所恶，谨为去。

注释

①**弟子**：旧时对学生或年纪尚小的人的称谓。

②**悌：**同"悌"，敬爱兄长，引申为顺从长上。

③**省**（xǐng）：请安问好。

④**定**：向父母报平安。

⑤**常：**经久不变，合乎常规。

⑥**业：**作息。

⑦**擅为**：擅自做主，盲目行动。

⑧**子道亏：**有损为人子女的本分。

⑨**力：**尽力，努力。

⑩**具：**置办，准备。

如是我读:

《弟子规》这本书,是依据至圣先师孔子的教诲而编成的生活规范,首先在日常生活上要做到孝顺父母、友爱兄弟姐妹,其次言语行为要小心谨慎、讲信用,和大家相处要亲近有仁德的人,向他学习。做到这些之后,还有多余的时间和精力,就应该好好学习其他有益的学问。

《弟子规》在"入则孝"的篇首就明确提出孝顺父母的四个要求和子女应该做到的八件事情,这些看似简单的要求,我们能做到吗?"孝"的结构是"上老下子",意思是强调血缘延续的重要性,小辈不孝敬长辈,你又怎么能够指望当你成为长辈以后,你的小辈会孝顺你呢?"教"的结构是"左孝右文",中国传统的讲法叫"教者,孝之文也"。教育教什么?从孝开始,培育孩子对血缘的尊重,培育孩子孝敬父母,尊重长辈,同时,也就在孩子心中牢牢树立了对传统的尊重。

模拟性研究任务2

材料一:中国古代有一个伯俞泣杖的故事。以韩伯俞是汉代梁州人,非常孝顺他的母亲,母亲也疼爱这个儿子,希望他能早日成才,所以对他要求很严厉,只要他做错事情,母亲就用手杖揍他,每当这个时侯,伯俞都是低着头,躬着身乖乖地挨打。后来,伯俞年纪大了,母亲也老了,有一次,他又因为一件事情惹老太太不高兴了,老太太拎起手杖就要教训儿子,韩伯俞像过去一样一声不响地低着头,躬着身让母亲打,但是打了两下,韩伯俞突然哇哇哇地哭了起来,老太太很震惊:小时候我打过你很多次,你从来不哭,怎么今天你突然哭了?是不是母亲把你打疼了?哪知韩伯俞却说:母亲,您以前是打疼我的,那让我知道您身体健康,有力气,所以我内心还很庆幸。可今天您打我,我一点都不疼了,我就知道您年纪大了,身体不好了,所以我才哭啊!

材料二:有一次,曾子的爸爸认为曾子做错事了,就拿起一根棍子劈头盖脸地打过去。曾子认为自己很孝顺,所以没有逃避,结果被老人家一棍子给打晕了。过了不久,曾子醒过来了,头上顶着一个巨大的包,跑去把这件事情告诉孔子,他满以为孔子会表扬他很孝顺,哪知道孔子狠狠地教训了他,说:你以为你这是孝吗?我告诉你,应该小杖受,大杖走。老人家火气这么大,万一老人家失手把你打死了怎么办呢?难道让你的父亲担上杀人罪名吗?这难道是孝吗?

做错事情接受父母的惩罚,你对这件事怎么看?在韩伯俞和曾子身上你读出你的感受和体会了吗?

导读3

孔子

孔子，姓孔，名丘，字仲尼，春秋末期鲁国陬邑人（今山东曲阜）。孔子是中国古代著名的思想家、教育家，他开创了私人讲学的风气，倡导仁、义、礼、智、信，是儒家学派创始人。孔子曾受业于老子，带领部分弟子周游列国十四年，相传他有弟子三千，其中贤人七十二。孔子去世后，其弟子及其再传弟子把孔子及其弟子的言行语录和思想记录下来，整理编成儒家经典《论语》。

孔子是一位令人心悦诚服的人，他不谈哲学，不谈神，也不论死后之事，他只是一个聪明的、年长的、深刻的、非常机智的思想家，他只论日常的生活和如何生活。《论语》开篇三句话：

"学而时习之，不亦悦乎？"

"有朋自远方来，不亦乐乎？"

"人不知而不愠，不亦君子乎？"

谈的是学习的乐趣、交友的乐趣和内心丰富的快乐。可见，孔子的教育关注的是人的道德本性的培养，孔子的箴言是：独善其身，或完善你自己。根据这种培养和完善自己的方式，首先需要教育和训练，他认为所有人的本性多少相似，但是习惯和训练成长出不同的人性，因此需要对孩童加以训练；其次社会秩序必须基于个体的培养。孔子的"仁"说，体现了人道精神；孔子的"礼"说，则体现了礼制精神，即现代意义上的秩序和制度。人道主义这是人类永恒的主题，对于任何社会，任何时代，任何一个政府都是适用的，而秩序和制度社会则是建立人类文明社会的基本要求，是中国古代社会政治思想的精华。

孔子晚年时期的最高理想称为"大同"，在大同的世界里，天下的人，不只以自己的家人为亲，不只以自己的父母儿女为爱，还是相互敬爱，爱天下所有的人。使老有所终，壮有所用，孩子们都能获得温暖与关怀，孤独的人与残疾者都有所依靠，男人各自有自己的事情，女人有满意的归宿。天下没有欺诈，没有盗贼，路不拾遗，夜不闭户，人人讲信修睦，选贤举能，大道之行也，天下为公。孔子的"大同"社会、"小康"社会理想对中国后世影响深远。后来不同历史时期，不同阶段的思想家提出不同内容的憧憬蓝图和奋斗目标，这种思想对进步思想家、改革家有一定启发，洪秀全、康有为、谭嗣同和孙中山都受到其影响。

　　孔子去世的那年72岁,在他生命中的最后四五年里,他着手做最伟大的工作,专心编辑古代的作品,写下他一生对历史的研究,这些书流传下来,就是儒家的"五经"。古代他被尊奉为"天纵之圣""天之木铎",是当时社会上的最博学者之一,被后世统治者尊为孔圣人、至圣、至圣先师、大成至圣文宣王先师、万世师表。其儒家思想对中国和世界都有深远的影响,孔子被列为"世界十大文化名人"之首。随着孔子影响力的扩大,祭祀孔子的"祭孔大典"也一度成为和中国祖先神祭祀同等级别的"大祀"。

文选3-1

论语①·子罕（节选）

子在川上曰："逝者如斯②夫③！不舍昼夜。"

······

注释

①**《论语》**是孔子的语录，共二十篇，每篇分为若干章。
②**斯：**这里指河水。
③**夫：**语气助词。

如是我读：

孔子在河边说："消逝的时光就像这河水一样啊，不分昼夜地向前流去。"事物和生活本来是明白和生动的，自有其意思和趣味。孔子是一位仁人，也是一位智者，这句话流露出的无常之感，普通人触景生情时也常有。

这两句话的文学气息很浓，后世的很多文学家说过类似的话；而全部《论语》中最富于哲学意味的，也就是这两句话。它可以从消极的、积极的各方面看，看宇宙、看人生、看一切。我们自己多多去体验它，应该会了解很多的东西，历史是不能停留的，时代是向前迈进的，宇宙如此，人生也是如此。"天行健，君子以自强不息"是《易经》乾卦的卦辞，即如孔子所说要效法水不断前进；《大学》引用汤之盘铭说的"苟日新，日日新，又日新"的道理，也不外乎此。

文选3-2

论语·公冶长（节选）

颜渊①、季路侍②，子曰："盍各言尔志？"子路曰："愿车马、衣轻裘③与朋友共，敝之而无憾。"颜渊曰："愿无伐善，无施劳。"子路曰："愿闻子之志。"子曰："老者安之，朋友信之，少者怀之。"

......

注释

①**颜渊：**名回，季路（子路），姓仲名由，都是孔子的学生。

②论语若单用**"侍"**，是孔子坐着，弟子站着，若用"侍坐"，便是孔子和弟子都坐着，至于"侍侧"，或坐或立，不加肯定。

③**"衣轻裘"：**在各种版本里裘字前都有轻字，阮元、钱大昕认为是后人错加的。

如是我读：

颜渊、子路两人侍立在孔子身边。孔子说："你们何不各自说说自己的志向？"子路说："愿意拿出自己的车马、衣服、皮袍，同我的朋友共同使用，用坏了也不抱怨。"颜渊说："我愿意不夸耀自己的长处，不表白自己的功劳。"子路向孔子说："愿意听听您的志向。"孔子说："（我的志向是）让年老的安心，让朋友们信任我，让年轻的子弟们得到关怀。"

这一章，不但描写动人，师生之间提倡自由平等地进行讨论，最为可取。

杨伯峻.论语译注[M].北京:中华书局,1980:52.

文选3-3

论语·子罕（节选）

子曰：“三军①可夺帅也，匹夫不可夺志也。”

注释

①**三军**：古制，一万二千五百人为一军。周朝，一个大诸侯国可拥有三军（三万七千五百人）。

如是我读：

孔子说：“一国军队，可以夺去它的主帅；但一个男子汉，他的志向是不能强迫改变的。”人的思想和意志，即使是一个普通的人，只要有自信，能坚持，是无法剥夺，夺不走的。自子在川上章起，至此十章，皆勉人为学，然学莫先于立志，故凡学而卒为外物所夺，皆是无志。

佛家、儒家都主张做人要做到“无我”，这“无我”是对个人道德修养而言。处理事情则要“有我”，要有正确的意志思想。古代作战，如果把对方主帅抓住了，三军就整个崩溃了；对人而言，气节是人格的中心，任何一个人真有气节，立定了志向，怎样也不会动摇。在中国的各种历史时期，坚守自己的气节，为国家和民族作出牺牲，可歌可泣，令人钦佩的故事有很多。

杨伯峻.论语译注[M].北京:中华书局,1980:95.

文选3-4

论语·颜渊（节选）

　　子贡①问政，子曰："足食，足兵②，民信之矣。"子贡曰："必不得已而去，于斯三者何先？"曰："去兵。"子贡曰："必不得已而去，于斯二者何先？"曰："去食。自古皆有死，民无信不立。"

注释

①**子贡**：姓端木，名赐，是孔子的学生。
②**兵**：兵器，武器，这里指军备。

如是我读：

　　子贡问怎样治理国家。孔子说："粮食充足，军备充足，老百姓信任统治者。"子贡说："如果不得不去掉一项，那么在三项中先去掉哪一项呢？"孔子说："去掉军备。"子贡说："如果不得不再去掉一项，那么这两项中去掉哪一项呢？"孔子说："去掉粮食。自古以来人总是要死的，如果老百姓对统治者不信任，那么国家就不能存在了。"讲仁，就要把人放在第一位。"自古皆有死"强调的是必须先得到人民的信任，统治才能合法，强加给人民的统治，它造成的痛苦和死亡，会比遭灾荒更多。维持统治的一切条件中，人民的信任是最重要的。民无食必死，然无信则群不立，涣散斗乱，终必将相率沦亡，同归于尽。

模拟性研究任务3

　　20世纪80年代在北京大学校园内，季羡林先生散步是有讲究的，也是非常守礼的，因为散步是很悠闲的，你会影响别人行走，所以先生从来不在大路上散步，而是走小路，但经常在他的后面慢慢地就会排起了一条长龙，全部是推着自行车的人。发生了什么事呢？因为北大有很多学生上课离教室相距很远，所以他们都是骑着自行车从这个教室赶到那个教室，为了抄近路，他们也绕到了这条平常不走的路上。但是，北大同学都知道前面是季羡林先生，老人

杨伯峻.论语译注[M].北京:中华书局,1980:126.

家一身布衣，一头银发，背着手在那儿散步。所有的学生都下车，安静地排着队跟着季先生走，绝对没有一个人按铃的。

那么，今天如果在路上遇见了尊长，我们应该怎样才能做到既合乎具体情况，又不失礼节呢？

孟子的成功之道

　　孟子是继孔子之后的儒之大家，被称为"孔子之后第一人"。他生活的战国中期，诸侯争雄，众说蜂起，儒家思想处于信仰危机阶段，在这种形势下，孟子以继承孔子之业，宣扬儒家道统为己任。为宣扬儒家思想，推行其行"王道"、施"仁政"的政治思想，孟子多次与人进行论辩，《孟子》一书中就记载其门人公子之言"外人皆称夫子好辩"。实际上，孟子不仅是具有高超论辩艺术的雄辩家，还是一位非常真实的哲学家，可以用来引导我们将来的生活。

　　论辩是不同观点的双方，为说服对方所进行的辩论，严密的逻辑性是雄辩的力量所在，雄辩必须具有严密的逻辑，而孟子的论辩正具有严密的逻辑性。如孟子与梁惠王谈及实行王道的初步措施时说：

　　"不违农时，谷不可胜食也；数罟不入洿池，鱼鳖不可胜食也；斧斤以时入山林，林木不可胜用也。谷与鱼鳖不可胜食，林木不可胜用，是使民养生丧死无憾也。养生丧死无憾，王道之始也。"（《梁惠王上》）

　　孟子的思想首先告诉我们注意经济条件，让大家都吃饱喝足，这个是王道的基础。

　　宋国的大夫戴盈之对孟子说：

　　"什一，去关市之征，今兹未能，请轻之，以待来年，然后已。"

　　孟子没有作正面回答，却给他讲了下面的这个故事：

　　"今有人日攘其邻之鸡者，或告之曰是非君子之道，曰，请损之，月攘一鸡，以待来年，然后已。"

　　在孟子的论辩中，可以看到他针对不同的对象、不同的问题、不同的态度、不同的情况，灵活恰当地采用了多种论证方式为一体进行论辩。孟子的学问与辩才不是天生的，这种辩才来自通情达理，能够了解一般人在想什么，人与人之间彼此心里有什么需求与互动，都可以掌握住。由此可见，人活在世界上首先要学会思考，如果你不思考，就只能看到你身边有限的经验，而忽略去推广。只有推广到天下，你才明白这一生做人处世应该把握什么原则。

　　孟子思想最精彩的部分是"人性论"，很多人问："人性是本善的吗？"孟子曾经说过"性善"，性善是性本善吗？不是的，孟子说得很清楚："诚者，天之道也；思诚者，人之道也。"（《孟子·离娄上》）自觉要让自己真诚是人生的正路，这种思想不可称作"本善"，而应该是"向善"。他说过一个比喻：一座光秃秃的山，只要给它机会，新的芽会长出来，在人而言会有一种"平旦之气"（意即"天刚亮时的清明之气"），所以孟子的观点是：即使曾经"非人"也没有关系，只要给自己机会，向善的力量就会再度出来，这就是"人性向善"，也是孟子一贯的思想。

因此，孟子的快乐是"万物皆备于我矣，反身而诚，乐莫大焉"（《孟子·尽心上》）"万物皆备于我矣"是说我本身没有什么缺憾或不足，很多东西是你需要的时候才会重视它，哪些东西能让我们真正快乐？这才是我们要问的问题。孟子提到的快乐同时要做到四个字"反身而诚"，反省自己，发现自己没有任何对不起别人的地方，没有比这个更大的快乐了。

人的生命结构有身、心、灵三个层次，身体的需求是必要的，同时要发展人的心智的基本潜能，好好去追求智慧、仁义以及勇敢，然后才可以走向灵的生命，展现一个人生命的价值，培养浩然之气，让自己这一生可以享受真正的快乐！

文选4–1

孟子·离娄上（节选）

孟子曰:"人之患①在好为人师。"

注释

①**患:** 忧虑,担忧。

如是我读:

孟子说:"一个人如果一心只想当导师,只想教训别人,他一定是有毛病了。"其实在我们的生活中不乏这样的人,好为人师,总是想指导人家做点什么,如果这个指导是有价值的当然好,如果是瞎指挥,那后果就严重了。

文选4-2

孟子·尽心下（节选）

孟子曰："尽信书，则不如无书。吾于武成①，取二三策②而已矣。仁人无敌于天下。以至仁伐至不仁，而何其血之流杵③也？"

注释

①**武成：**《尚书·周书》的篇名，记武王伐纣之事。
②**策：**古书写在一片片的竹简上，简又称策。
③**杵：**此指在石臼中舂捣谷物用的木棒。

如是我读：

孟子说，不能一味地相信《书》，我对于《武成》这篇文章有个疑问，武王统率的是大行仁义之师，各方响应，征伐的又是不仁不义至极的商纣，胜负形势显然，仁者也决不会好杀。可是它写牧野之战，说战场上流的血，把舂米用的木棒都漂浮起来了，这怎么可能呢？《尚书》是儒家的经典之作，尤其在春秋战国时代，那可是非常有权威性的。可是就这样，孟子能保持独立思考，敢于怀疑，这种精神实在难能可贵，也体现出圣贤人物做学问的严谨精神和大师风范。"尽信书则不如无书"也成为后世很多人的行为准则，读书时应该加以分析，不能盲目地迷信书本，不能完全相信它，应当辩证地去看问题，强调"实践是检验真理的唯一标准"，注重理论与实践相结合。

杨伯峻.孟子译注（上）[M].北京:中华书局,1960:325.

文选4-3

孟子·万章下（节选）

孟子谓万章①曰："一乡之善士②斯友一乡之善士，一国之善士斯友一国之善士，天下之善士斯友天下之善士。以友天下之善士为未足，又尚③论古之人。颂④其诗，读其书，不知其人，可乎?是以论其世也。是尚友也。"

注释

①**万章**:战国齐人，孟子弟子。
②**善士：**优秀的人。
③**尚：**通"上"，指向上追溯。
④**颂：**通"诵"。

如是我读：

孟子告诉万章说，切磋学问，砥砺品行，只靠和朋友交流还不够，还要追随古时的智者贤人，虽然他们人已故去，但是思想、创作和著述却还存在着。读他们的书，便能接近他们，了解他们的为人和时代，也就等于和他们交了朋友。可以说，从书中结交古时的智者贤人，可算是最高级的交友方式了。在先秦时代，不像现在有这么发达的资讯，结交一个多闻的朋友，就像拥有了一本厚厚的百科辞典，让他所读的书，让那些间接经验转化为你的生活智慧。孔子认为，这个世界上对自己有帮助的有三种好朋友，"友直，友谅，友多闻，益矣"；还有三种坏朋友，"友便辟，友善柔，友便佞，损矣"。

模拟性研究任务4

在2019年央视春晚上，青年演员翟天临在小品《"儿子"来了》中塑造了一名"打假"警察。没想到，这位高学历明星因为晒出博士后录用通知书而被网友质疑论文抄袭、博士学位注水，"打假者"反被打假，令人始料未及。相关高校表示对学术不端行为持零容忍态度，已经成立调查组并按照相关规定启动调查程序。其实，作为一名演员，他在《军师联盟》里塑造的杨修、在《白鹿原》里饰演的白孝文，都生动呈现了角色形象;他在综艺节目《演员的诞生》和《声临其境》中，也都展示出精湛的演技与过硬的能力。同时，作为一名已经获得学位的电影学博士、收到博士后录用通知书的准博士后，翟天临在娱乐圈中多了一分学术气息，也因此显得与众不同，被网友称赞"年轻演员中学历最高的""念书念得最好的里面演技最好的"。

　　你对这个事件有什么样的评价和建议？

庄子的魅力

在先秦人士中,庄子是很独特的一位。当别人在都市中热闹得沸反盈天、争执得不可开交时,他独自远远地站在野外冷笑;而当有人注意他时,他又背过身,直走到江湖的迷蒙中去了。庄周的著作却是令人心脾开张的新世界,一派自然天籁:这里生活着的是令人无限景仰的大鹏,怒气冲冲的挡车的螳螂,自得其乐的斥鴳,以及在河中喝得肚皮溜圆的鼹鼠,这些自然意象构成了独特的魅力。

庄子很有学问,一般人提到庄子,以为他喜欢说笑话,对人生冷嘲热讽,讲了一些消极无为、愤世嫉俗的话而已,但是,在司马迁的笔下,庄子是最有学问的人。司马迁写庄子的时候用100多字,其中提到"其学无所不窥"。当时任何一种学问,任何一本书,庄子没有不看的,就像西方人称赞柏拉图一样:"二千年西方哲学,只是柏拉图思想的注解而已。"(英国哲学家 怀特)《庄子》也是,里面的东西太多了,但是有些内容并不明确,所以后代发挥的空间很大。

《庄子》一开篇就是《逍遥游》,描写一条很大的鱼变成鸟,鸟一飞就到九万里的高空,在那个时代他为什么讲这样的寓言故事呢?他反复三次提到鱼变成鸟,鸟往上飞,就好像鸟有自己的生命,在小时候被限制在水里一样。这时,我们不要忘记,人本来跟天地一样伟大,因为人的生命有无限的潜能可以开发,所以鱼变成鸟代表人的生命往上提升。限制我的条件越少,我就越自由逍遥,只是我飞得高才能凭借风力自由翱翔。人活在世界上一定要了解,你面对的是什么样的时间和空间?庄子的思想没有别的特色,就是特别深刻,对人生看得很透,这是道家的本质所在,用智慧掌握一切,道就是一个整体,这个世界上任何地方都是"道"的表现,所以"道"无所不在,是一个整体,无所不包,至大无外。

庄周一生没有在大都市里混迹过,官也只做到漆园小吏,大概比现在的乡长还小,并且决没有贪污索贿。所以他不但没有大宗遗产留给儿孙,便是他自己,也穷得向监河侯借粮。监河侯知道这位庄先生借得起还不起,就巧妙地拒绝了。后来庄周便只好以打草鞋为生。据他的一位穷同乡——不过后来发了迹——"一悟万乘之主而益车百乘"的曹商说,当曹商从秦王那里得到一百辆车的赏赐,高尘飞扬地回乡炫耀于庄时,他见到庄子已穷得"槁项黄馘"——脖子干枯而皱,面皮削瘦而黄。不过此时庄子的智慧与幽默依旧焕发且锐利无比,使得这位曹商先生反显龌龊。他含蓄而尖刻地讥刺曹商舔了秦王股沟中长脓的痔疮,这种讥刺后来成了中国民间讥嘲拍马者的成语。楚王曾派人去请他,说愿意以天下相烦,客气得很,但此时庄子正专心致志地在濮水上钓鱼,眼睛直盯着水面上闲逸的浮子,没有理会这飞黄腾达的机遇,冷冷地把使者打发走了。而他自己像个真正自由的野田之龟,弋尾于涂,虽则不如孔孟炫赫与实惠,却其乐无穷。他的这种心境实在是人类心灵的花朵,永远在乡村野外幽芳独放,一尘不染。因此,庄子的世界是远远超脱于世俗之上的。

庄子认为人的生命有三个层次,一个是有形可见的身体,另一个是会思考的心,然后还有心斋之后展现出来的精神,接着再谈精神生于“道”。精神从道而来,学习这一步叫作以心合道,方法是“静”,是“虚”,这一点,是和老子一样的。庄子很喜欢以镜子为喻,一面镜子,它不迎接别人,也不欢送别人,任何东西过来它都照见真相。我们活在世界上,最喜欢与别人真诚相待,儒家讲究真诚,道家讲究真实,儒家的真诚需要下功夫,就像孟子说的“反身而诚,乐莫大焉”。道家则强调真实,就是你根本不要多费心思,不要用人的价值观来限制自己,这样的一种真实就可以孕生美感。

事实上,庄子的思想很清楚,但是他清楚的思想背后展现的,是我们虽不能至而心向往之的境界——“天地与我并生,而万物与我为一”。这句话首先讲到时间——出生是一个时间上的过程——我的出生跟天地的出现同时,这叫作天地与我并生;然后再讲空间,万物和我合而为一。你能把握时间,一切就以你的生命为标准,进而在空间上你可以和天地合而为一。这不是幻觉,这是经过修养功夫可以达到的境界。

文选5-1

庄子·秋水（节选）

庄子钓于濮水①，楚王使大夫二人往先焉②，曰："愿以境内累矣！"庄子持竿不顾③，曰："吾闻楚有神龟，死已三千岁矣，王巾笥④而藏之庙堂之上。此龟者，宁其死为留骨而贵乎，宁其生而曳尾涂⑤中乎？"二大夫曰："宁生而曳尾涂中。"庄子曰："往矣！吾将曳尾于涂中。"

注释

①**濮水**：古河流名，在今安徽省的北部。
②**往先焉：** 先，致意，问候。焉，兼有"于之"的意思，到那里。
③**顾：** 回头。
④**巾笥：** 巾，覆盖用的麻织品。笥，盛饭食或放衣物的竹器，此处用作动词。装入竹箱里。用锦缎裹，用竹箱装。
⑤**涂：** 污泥。

如是我读：

庄子被很多人喜欢是因为他的风格迷人且思想深奥，他无疑是古代中国最伟大的散文作家和最伟大及最有深度的哲学家。在这个故事里，他希望人和动物都各自完成自己的天性，而且深具宗教性的崇敬生命。

当然，庄周的生活也有窘迫的时候。有一次，他到监河侯那里去借米。监河侯说："好！待我收到田租和房税，借你两百斤黄金吧！"庄周听了，愤然生气，他说，"我昨天来的路上听到有东西叫我，回头一看，是在车轮压凹的沟里有一条小鲫鱼"，我问说："鲫鱼呀，你什么事叫我呀！"那鲫鱼说："我是东海的波臣，落难在这里，你能不能给我一斗一升的水活命呢？"我说："好吧，让我替你去游说南方的吴王与越王，请他们兴起全国民众，打动着长江的水来迎接你，好不好？"那鲫鱼生气了，它说"我只要一斗一升水就能活命了，你这么说，也不烦你再去吴国和越国，你趁早到干鱼摊上去找我吧！"这就是庄子的言说方式，他就是个故事篓子。

孙通海译注.庄子[M].北京:中华书局,2007:266.

庄子·外物（节选）

"筌①者所以在鱼,得鱼而忘筌;蹄②者所以在兔,得兔而忘蹄;言者所以在意,得意而忘言。"

注释

①**筌**:此指一种用竹篾制成的渔具。
②**蹄**:此指一种用夹脚的办法捕小兽的猎具,现在多称为弶。

如是我读:

放在水中让鱼进来,一进来便出不去的那种用篾编成的渔具,是为了鱼才设置的,人如果捕到了鱼,这个渔具就可以搁在一边了。装在草地上让兔子踩,一踩脚便被夹住,跑也跑不脱的弶,是为了兔子才装起的,人如果捉住了兔,弶就可以搁在一边了。长长短短的话,都是为了让人明白自己的意思,才讲给他听的。人们如果理解了你的意思,那些话也可以不用说了。但是,遇见这样的人何其容易!寂寞恐怕是具有大智慧和大怜悯心者必然的心情。

孙通海译注.庄子[M].北京:中华书局,2007:330.

文选5-3

庄子①·齐物论（节选）

　　昔②者庄周梦为胡蝶,栩栩然胡蝶也。自喻③适志与!不知周也。俄然觉,则蘧蘧然周也。不知周之梦为胡蝶与?胡蝶之梦为周与?周与④胡蝶则必有分矣。此之谓物化。

··

注释

①**庄子**:名周,战国时宋国蒙地(今河南商丘)人。
②**昔**:可通"夕"。
③**喻**:通"愉"。
④本文中的前三个"与"字均通"欤"。

如是我读:

　　庄子晚上做梦,梦中自己成了一只蝴蝶,在空中翩翩飞舞,十分自由快乐,一点也没想到庄周是谁。霎时梦醒,却还是原来的庄周,手是手脚是脚伸直了躺在床上。庄子于是想:"我是谁呢?是我梦中成了蝴蝶,还是蝴蝶梦中成了庄周呢?这两种情况,难道不是同样都有可能发生的吗?"蝴蝶和庄周是不同的"物",感受才会不同。但"物"不可能永存,一觉也好,一生也好,总会要变化,要消亡。"物"如果"化"去了,感觉和意识等一切还能不变吗?

模拟性研究任务5
1.试着用讲故事的形式来说一说——曳尾涂中。
2.如果是你面对人生的选择,你会选择什么? 请至少陈述1点你做出选择的理由。

孙通海译注.庄子[M].北京:中华书局,2007:51.

百家争鸣

春秋战国时期,各种思想学术流派的成就,与同期古希腊文明交相辉映;以孔子、老子、墨子为代表的三大哲学体系,形成诸子百家争鸣的繁荣局面。但至汉武帝时,推行"罢黜百家,独尊儒术"的政策,于是以孔子、孟子为代表的儒家思想成为正统,统治中国思想、文化2000余年。在这个时期,社会发生了急剧的变化,历史由分裂走向统一,针对社会的急剧变化,各学派热烈争辩,著书立说,阐述各自的思想和政治主张。代表各阶级、各阶层,各派政治力量的学者或思想家,都企图按照本阶级(层)或本集团的利益和要求,对宇宙对社会对万事万物作出解释,或提出主张。他们著书立说,广收门徒,高谈阔论,互相诘难,于是出现了思想领域里"百家争鸣"的局面。

百家争鸣的主要基地稷下学宫是最为典型的例证。"不治而议论",是稷下学士的主要活动特点之一,这一特点体现了学宫鲜明的政治性。"不治",即"不任职"。虽有上大夫的头衔,但不担任实际职务。"议论",就是议论时政、国事、治乱之策,为田齐统治者提供决策依据,以实现智囊团的功能。而他们的议论时政,是在宽松自由的政治氛围内,对田齐统治者的政治活动提出批评意见和决策参考建议,没有或者少有阿谀奉承、溜须拍马的情况,所提意见及建议都是坦率的直言。

春秋战国时期,出现了"百家争鸣",促进了学术大繁荣。这样在"经学"之外,又出现了"子学",诗文得到很大的发展。班固在《汉书·艺文志》中根据刘歆的"七略",即"辑略"(相当于总目录)、"六艺略""诸子略""诗赋略""兵书略""术数略""方技略",对国学进行了分类,共收书38种、596家、13269卷。每略中有总序,每家之后又有小序,对先秦的学术思想的源流演变做了简明的论述,是我国最早的目录学文献。嗣后最主要的分类是《四库全书》,将"国学"概括为经、史、子、集四部。

这个时期,一个重要的现象,就是知识分子——"士"阶层的出现和活跃。"士"阶层的活跃,和当时社会的"养士"之风的盛行,有密切的关系。春秋时代已经开始"养士",而战国时期更为盛行。各诸侯或大夫除了在政治、经济、军事等方面加强自己的实力外,为了逐鹿中原,统一中国,十分需要借重士的力量,因此纷纷"养士",形成了一种社会风气。如春秋晚期,齐国的田常,早在齐景公时就施惠于"士"。每杀一头牛,仅取"一豆(四升)肉",其余的都用来供士食用。每到年底,田常仅取"二制",即两匹布帛,其余的分给"士"做衣服穿。又如战国初期的魏文侯尊贤礼士,他周围有一大批知识分子。战国中期齐威王、宣王之时,在都城临淄西门外设谡下学宫,招徕天下文人学士,在那里讲学和著书立说,议论朝政。后来的"四公子",即齐国的孟尝君、魏国的信陵君、赵国的平原君、楚国的春申君,他们"养士"多达几千人。战国后期秦国的吕不韦,也有"食客三千",多为有一技之长者,"士"中许多优秀人物受到重用,甚至出为卿相,如商鞅、吴起等,学术活动也受到鼓励和资助。

文选6-1

礼记·檀弓下（节选）

石骀仲卒，无适子，有庶子六人，卜所以为后者。曰："沐浴、佩玉则兆①。"五人者皆沐浴、佩玉；石祁子曰："孰有执亲之丧②而沐浴、佩玉者乎？"不沐浴、佩玉。石祁子兆。

注释

①**兆**：此处指用龟甲占卜，卜得吉兆。
②**丧**：古礼，孝子居丧，须"衰絰憔悴"，故不宜修饰打扮。

如是我读：

占卜的人说："要先洗发洗身，然后佩戴上玉，甲骨上才会显示吉兆。"其中的五人都连忙洗发洗身，佩戴上玉。而石祁子却说："哪里有为父亲服丧，却修饰仪容佩戴玉饰的道理呢？"唯独他不洗发洗身，不佩玉，仍然披麻戴孝哀毁骨立，真是个孝子，龟兆却显示出石祁子应该做继承人，因此，卫国人都以为龟兆很灵验。

杨天宇撰.礼记译注（上）[M].上海:古籍出版社,2004:119.

文选6-2

礼记·檀弓下（节选）

齐大饥，黔敖为食于路，以待饿者而食之。有饿者蒙袂辑①屦，贸贸然来。黔敖左奉食，右执饮，曰："嗟！来食。"扬其目而视之，曰："予唯②不食嗟来之食，以至于斯也。"从而谢③焉；终不食而死。曾子④闻之曰："微与？其嗟也可去，其谢也可食。"

....

注释

①**辑：**原注为敛，是收的意思，说因饿者无力穿鞋。也有理解为鞋子没有穿上脚后跟，拖着走。

②**唯：**只是。

③**谢：**拒绝，推辞。

④**曾子：**名参，与其父曾皙都是孔子的学生。

如是我读：

这个故事是成语"嗟来之食"的典故，讲的是有一个饥民，趔趔撞撞地走来，拖着鞋子，奇怪的是还用衣裳遮着脸。黔敖左手端着饭，右手端着汤，招呼道："哎！来吃吧！"那个饥民瞪起眼睛望着他，说："我正是由于不吃这种没有好声好气的饭才落到这步田地的。"黔敖听了连忙表示道歉，但那饥民还是坚持不吃，因此饿死了。

我们的传统尤其看重做人要有骨气，表示对气节的重视，和对人格的尊重。还有相类似的说法，如"人穷志不穷""宁为玉碎，不为瓦全"等。即使是在今天，这依然是一个很值得讨论的话题：在精神和肉体之间，在人的尊严和卑屈之间，哪一个更重要？我们的传统观念是否依然还有其存在的价值与合理性。曾子听说了这件事，说："何必呢？人家没有好声好气地叫吃，你当然可以拒绝；但是人家既然道了歉，也就可以吃了。"那么同学们对这个事情怎么看呢？

杨天宇撰.礼记译注（上）[M].上海:古籍出版社,2004:133.

左传①·桓公十年（节选）

初，虞叔有玉，虞公求旃②。弗献。既而悔之。曰："周谚有之：'匹夫无罪，怀璧其罪。'吾焉用此，其以贾③害也？"乃献。又求其宝剑。叔曰："是无厌④也。无厌，将及我。"遂伐虞公，故虞公出奔共池。

注释

①**左传：**是左丘明(生卒年不详)为鲁史《春秋》作的"传"。
②**旃**：在这里作"之"字用。
③**贾：**带来，招致。
④**厌，**满足。

如是我读：

虞公向兄弟虞叔索求玉，虞叔没有进献，不久又后悔这件事，说："周朝的谚语说：'百姓没有罪，怀藏玉璧就有了罪。'留这玉有什么用，只会给我带来祸害。"于是就把玉璧献给了虞公。虞公接着又来向虞叔索求宝剑。这时虞叔终于忍不住了，说："这样没完没了地要，最后就会来要我的命。"于是就举兵造反，攻打虞公，迫使虞公逃亡到共池去了。

我们可以看到，《左传》的意思是，自己不要贪图财宝，可以免祸，但是，绝对不是说毫无原则地把自己的所有财宝都送给别人。财宝、才华、美貌本身都没有罪过，然而心术不正的人总是想要摧毁或者抢夺。所以，如果你怀璧、怀才、怀色等，应该像虞叔后来对待虞公那样把那些觊觎你的人打跑。这句话后来被引申为"匹夫无罪，怀璧其罪"。

杨伯峻编著.春秋左传注（第1册）[M].北京:中华书局,1990:128.

左传·桓公十五年（节选）

祭仲①专，郑伯②患之，使其婿雍纠杀之。将享③诸郊。雍姬知之，谓其母曰："父与夫孰④亲？"其母曰："人尽夫也，父一而已，胡可比也？"遂告祭仲曰："雍氏舍其室而将享子于郊，吾惑之，以告。"祭仲杀雍纠，尸诸周氏之汪。公载以出，曰："谋及妇人，宜其死也。"

注释

①**祭仲：** 春秋时郑国的大夫，因拥立太子忽(昭公)，为由宋国支持即位的公子突(厉公)所忌，险遭谋杀。事情败露，厉公出逃，昭公复位。

②**伯：** 爵位名。郑伯，郑国的国君，此时的郑伯即郑厉公。

③**享：** 宴请。

④**孰：** 孰或"孰与"，解释为两者相比较，哪个更怎么样。

如是我读：

雍纠准备在郊外宴请祭仲，雍姬(雍纠的太太)知道了，对她母亲说："父亲与丈夫哪一个更亲近？"她母亲说："任何男子，都可能成为一个女人的丈夫，父亲却只有一个，怎么能够相比呢？"于是雍姬便把自己的担心告诉了父亲："雍氏不在家里而在郊外宴请您，我怀疑这件事，所以告诉您。"于是祭仲先动手杀了雍纠，把尸体摆在周氏的池塘边。

"人尽可夫"和现代汉语的意思不同，它的本意为：一个女子，是人人皆可以为其丈夫的，至于父亲，为天然骨血关系，只有一人，不能与丈夫相比。可以得知父亲和丈夫因为血缘而有了亲疏关系的差别。

模拟性研究任务6

北宋有个非常著名的词人叫晏殊，在他14岁的时候就被当作神童举荐给了皇帝。皇帝召见了他，让他和1000多名进士同时参加考试，结果晏殊突然发现

杨伯峻编著.春秋左传注（第1册）[M].北京:中华书局,1990:143.

这道考题恰好是他十天前刚刚练习过的。他直接向皇帝禀报：今天的考题我十天前做过了，请皇上更改考题，重新考试。这种诚信的品质让皇上非常赞赏，他当然也考中了进士，当了官。

当时天下太平，京城大小官员都没什么事干，平时都是吃喝玩乐，四处游玩，皇帝非常恼火，就派人去了解，结果派去的人回来跟皇帝说，有一个人是例外，晏殊从来不出去泡茶馆，也不到那些不好的场合去，他只要一下朝，就在家里和兄弟们读读书，写写文章，填填词。皇帝把所有的大臣们都召来，里边就有晏殊。皇帝说："近来群臣游玩赴宴，热闹得不得了，只有晏殊闭门读书，如此自重，如此谨慎，正是东宫官适合的人选。"

皇帝把太子的教育托付给晏殊，这当然是国家头等大事，没想到晏殊这样回答："皇上，我得说明，我其实是一个非常喜欢游玩和吃喝的人，只不过实在是没钱。如果我有钱，我早就去参加游宴了。"他在这种场合也不说假话，这样一来，反而让皇帝更信任他，晏殊在大臣当中树立了很高的信誉。

你认同晏殊的言行吗？请至少陈述你的理由1条。

关于文史不分家

如何读史？《三字经》指出，"经子通，读诸史，考世系，知终始"。旧时的私塾，对于读"诸史"的学习，除读点历史纲鉴外，多将历史的学习纳入文选的学习中。如学习《左传》《国语》《战国策》，特别是《史记》，都列入古文学习之中。史有正史和野史之分，从其体例来分，就其大者而言，可以分为"纪传体""编年体"和"纪事本末"三种。这些都属于正史之列。扩而言之，《书经》一书，既是"经"，又是"史"，是一部记述远古的史书。所以有的学者提出"凡文皆史"之说，甚至在诗的学习中也有史料可取，其中有的就是"史诗"。

古代的史书，流传下来的极少，绝大多数的史事流传于后代的，大多保留在经、子作品之中，而古人主客观不是分得很清，客观事实，往往夹杂主观来说，甚至全部是虚构，如寓言。因此，随便列举历史上的某一个事件，都会异说蜂起，让人云里雾里，看不明白。因此，研究历史的人应该从文学(经)中寻找真相和细节，而研究文学的，也要结合史书来读。中国的语言是古今相通的，你不去读历史中的语言，就不会明白现在语言的来源。

我们生于现代去读古代的史籍，从严格的意义上来讲，应当用现代的眼光，给人们提供现代的知识，否则的话，史籍虽然是卷帙浩繁，也只能称它为史料罢了。所以，初读者，不得不多费些功夫，"读书之初，不求精详，只求捷速"，"读书如略地，非如攻城"，仍然相当有价值。刚开始阅读的时候，最好还是从编年史开始读，在《通鉴》一类的书中，选择其中的一种，用走马看花之法，匆匆阅读一遍，只是要了解各个时代的大势，不必过于求精细。做这一步功夫的时候，最好对历史和地理，能够知道一个大概，可以结合一种历史地图翻看。这一步功夫做到以后，再拿《三通考》读那个时候的田赋、钱币、户口、职役征榷等文化常识。

鲁迅对《史记》的评价是"史家之绝唱，无韵之离骚"。学《史记》主要是学史，但又可以用来学文，同时也包含有哲学、经济学多科思想在内，但它又代表不了现代的文、史、哲分科。因此，有人主张将文、史、哲列入"国学"之中，是难以实现的。学"国学"主要的还应按照经、史、子、集的分类来学。在中小学的国学教育，主要体现在对古典诗文的学习，特别是文的学习，这在我们现有中小学语文课本中已有较好的体现。

国语·晋语四（节选）

文公问于郭偃曰："始也，吾以治国为易^①，今也难。"对曰："君以为易，其难也将至矣。君以为难，其易也将至焉。"

注释

① **易：**容易，简单。和下文"难"相对。

如是我读：

晋文公对郭偃说："开始的时候，我以为治理国家很容易，现在才知道是很困难的。"郭偃回答说："您以为容易，那么困难就要来了。您以为艰难，那么容易也就快来了。"

晋文公42岁开始流亡，61岁才得到晋国，正所谓"艰难险阻备尝之矣，民之情伪尽知之矣"，他的这一问，是他长期体察人情物理所造就的能力，能看出他的智慧，而郭偃的答话，也算得上是一句格言，孙中山先生说"知难行易"可能也是这样的道理。

黄永堂.国语全译[M].贵阳:贵州人民出版社,1995:428.

文选7-2

国语·晋语五（节选）

范文子①暮退于朝。武子曰："何暮也？"对曰："有秦客廋②辞于朝，大夫莫之能对也，吾知三焉。"武子怒曰："大夫非不能也，让父兄也。尔童子，而三掩人于朝。吾不在晋国，亡无日矣。"击之以杖，折委笄③。

- -

注释

①**范文子：**是武子（士会）的儿子。武子为正卿，执国政，灵公八年告老，晋遂以郤献子（郤克）为正卿，并立范文子为卿。

②**廋：**年老的男人，有成语"童叟无欺"。

③**笄：**古代的一种簪子，用来插住挽起的头发或插住帽子，古代特指女子15岁可以盘发插笄的年龄，即成年。

如是我读：

范文子很晚才退朝回来，父亲武子问道："为什么回来这么晚？"文子回答说："有位秦国来的客人在朝中讲隐语，出难题，大夫中没有一个能够回答出来，我只好一连三次发言，幸好没有出丑。"父亲就发火了："大夫们不是不能回答，而是出于对长辈父兄的谦让。你还幼稚得很，却要在朝中三次抢在别人前面出风头。"说着就用手杖打儿子，把他官帽上的簪子都给打断了。

武子之所以要杖责儿子，是要教育他做人不可目中无人，不可自命不凡，谦让他人不仅仅是一种尊重，有时也能使自己免于灾祸。父亲的教导让文子在日后的政治生涯中无时无刻不提醒着自己，从而逐渐成为一个谦逊知礼之人。《左传·成公二年》记载，晋军胜利回国，文子最后一个回到晋国都城，这时的范文子真正继承礼乃父的优良品德，为人敦厚耿直，更具长者风范。

黄永堂.国语全译[M].贵阳:贵州人民出版社,1995:447.

文选7-3

战国策①·秦策二（节选）

医扁鹊见秦武王②,武王示之病,扁鹊请除。左右曰:"君之病,在耳之前,目之下,除之未必已也,将使耳不聪,目不明。"君以告扁鹊。扁鹊怒而投其石③:"君与知之者谋之,而与不知者败之,使此知秦国之政也,则君一举而亡国矣。"

注释

①**战国策：**旧称《国策》,记载战国策士的言论和活动,由汉朝的刘向校正编次。

②**秦武王：**秦王嬴政(始皇)前四代的秦王。

③**石：**在石器时代就把石头磨得尖锐后按摩治病的习惯,进而达到治疗疾病与恢复健康的作用。这里指扁鹊看病的一种工具。

如是我读：

秦武王为秦惠王之子,因为他自己身高体壮,重武好战,所以凡以斗力为乐,勇力过人者,他都提拔为将,作为身边的大臣。当武王把他的病情告诉了扁鹊,作为医生的扁鹊建议及早医治,可是武王身边的大臣却七嘴八舌,说:"大王的病跟耳朵有关,跟眼睛也有关,未必能治好,弄不好反而会使耳朵听不清,眼睛看不明。"武王把这话告诉了扁鹊,扁鹊听了很生气,把治病的砭石一丢,说:"大王同懂医术的人商量治病,又同不懂医道的人一道讨论,干扰治疗;国家大事如果也这样办,秦国随时都会有亡国的危险。"

这篇小故事,描述扁鹊用具体生动的比喻斥责秦武王听信无知之言,而迟疑不决的昏庸做法,身为医生的他,竟敢对秦武王怒而斥之,可见他才智过人和大无畏的精神。

何建章.战国策注释[M].北京:中华书局,1990:127.

文选7-4

战国策·齐策三（节选）

齐王①夫人死,有七孺子皆近。薛公②欲知所欲立,乃献七珥,美③其一,明日视美珥所在,劝王立为夫人。

注释

①**齐王:** 齐宣王。
②**薛公:** 齐相国田婴的封号。
③**美:** 其中一个特别漂亮。

如是我读:

齐国的王后去世,在齐王身边,有七个妃嫔都受到宠爱。薛公田婴想知道哪个美人会被立为王后,于是便献给齐王七副玉质耳饰,其中有一副特别加工打造,特别美观。第二天,他注意那副最精美的耳饰被哪位妃子戴着,便劝说齐王立她为王后。

田婴为他的异母哥哥齐宣王,早已经做过不少工作,亲为弟兄,贵为首相,为了揣摩七个小老婆中哪个会扶正,竟得如此地挖空心思,可见,薛公这个封爵要保住也太不容易了。

田婴在历史上出名,主要是因为有个好儿子孟尝君,田婴有40多个儿子,孟尝君的母亲只是一名"贱妾",生下这个儿子,田婴连要都不想要,后来却成了继位的人。贱妾之子固然非凡,能让贱妾之子继位的父亲更是非凡。

模拟性研究任务7

如果要遴选一位企业总裁、政治领袖、学术精英,你会分别选择文选中的哪个人物? 说说你的理由。

何建章.战国策注释[M].北京:中华书局,1990:357.

导读8

魏晋风度

魏晋是一个动乱的年代，也是一个思想活跃的时代。新兴门阀士夫阶层社会生存处境极为险恶，同时其人格思想行为又极为自信风流潇洒、不滞于物、不拘礼节。士人们多独立特行，又颇喜雅集。正是在这个时代，士夫们创造了影响后世的文人书法标杆，奉献了令人模范景仰的书圣，"竹林七贤"，即阮籍、嵇康、山涛、刘伶、阮咸、向秀、王戎，在生活上不拘礼法，常聚于林中喝酒纵歌，清静无为，洒脱倜傥，他们代表的"魏晋风度"得到后来许多知识分子的赞赏。

魏晋风度指的是魏晋时期名士们所具有的那种率直任诞、清俊通脱的行为风格。饮酒、服药、清谈和纵情山水是魏晋时期名士所普遍崇尚的生活方式。一部《世说新语》可以说是魏晋风度的集中记录。魏晋风度，在很多人看来，是一种真正的名士风范，所谓真名士自风流，由正始才俊何晏、王弼到竹林名士嵇康、阮籍、中朝隽秀王衍、乐广至江左领袖王导、谢安，莫不是清俊通脱，表现出的那一派"烟云水气"而又"风流自赏"的气度，几追仙姿，为后世景仰。

李泽厚论及魏晋时代，称其表现了"人的自觉"（《美的历程》）。这大概可以从两个方面来说，即崇尚智慧、尊重感情。而《世说新语》记述人物的言行时，也是在这方面特别突出。孙子荆除妇服，作诗以示王武子。王曰："未知文生于情，情生于文？览之凄然，增伉俪之重。"（《文学》72）以明确署名的文学创作自述夫妻间的感情是从东汉后期开始出现的，典型的代表是桓帝时秦嘉与妻徐淑之间的赠答诗。这方面的名作有潘岳的《悼亡诗》，而孙楚（字子荆）因除妇服（为妻守丧期满）而作的诗篇，也很受当时人们的称赏。

不过古人说"兴"，意思比"情"要来得微妙。兴致，兴趣往往是内心的一种触动，一种飘忽的情绪或念头，在大多数情况下，它和他人无甚关系，随兴而行，大抵是绘出了性灵自由飞扬的线条。所以《世说新语》所记士人随兴的举止，每每透露出诗的意味。

文选8-1

世说新语①·言语（节选）

桓公②北征经金城, 见前为琅琊③时种柳, 皆已十围, 慨然曰:"木犹如此, 人何以堪!"攀枝执条, 泫④然流泪。

注释

①**世说新语**: 共36篇, 列于卷首的德行、言语、政事、文学, 是所谓的"孔门四科", 刘义庆撰。

②**桓公**: 桓温, 东晋权臣, 明帝的女婿。

③**琅琊**: 郡名, 治地在今山东诸城。晋室南渡后在金城（今江苏句容）侨置。

④**泫**: 水珠下滴, 这里是流泪。

如是我读:

桓温为大司马, 领平北将军, 统兵北伐。行经金城, 看见自己从前任琅琊内史时所种的柳树, 都已经长成合抱的大树了, 就感慨地说:"树木尚且这样, 人怎么经受得起呢!"攀着树枝, 抓住柳条儿, 泪流不止。

桓温在史书上被称为叛逆, 说他是"孙仲谋, 晋宣王（司马懿）之流亚", 反正是一个野心大本事也大的人。他23岁就当了琅琊太守（治金城）, 可谓少年得志, 后来又在东晋朝廷中步步上升, 此次北伐, 桓温的权力已臻顶峰, 总统兵权, 专擅朝政。然而"公道世间惟白发", 纵然人生得意, 仍然喟然!

余嘉锡.世说新语笺疏（上卷上）[M].北京:中华书局,1983:114.

文选8-2

世说新语·贤媛（节选）

王右军①郗夫人②谓二弟司空、中郎曰："王家见二谢③，倾筐倒庋④；见汝辈来，平平尔。汝可无烦复往。"

注释

①**王右军**：王羲之，曾为右军将军，晋代大书法家。
②**郗夫人**：名璿，太傅郗鉴之女，嫁王羲之。
③**二谢**：指谢安、谢万兄弟。
④**庋(guǐ)**：放东西的架子，在文中就是翻箱倒柜的意思。

如是我读：

王、谢、郗三家都是高门，又都是亲戚。郗太傅向王丞相求女婿，选中了"在床坦腹卧，如不闻"的王羲之。王羲之与郗夫人所生的第二个儿子凝之，又娶了谢太傅的侄女谢道韫。若论亲戚，亲家不会比妻弟更亲，若论官位，两家都有太傅，厚此薄彼也只是气味不相投的缘故，六朝人物的可爱，就可爱在这一点上。郗夫人对丈夫并无责怪之意，反而劝弟弟自己识趣，可谓和她的儿媳妇一样有"林下风气"。

《世说新语》与同类著作相比，一个明显的长处是它所描绘的人物较少受传统礼教的束缚，各具个性而性情活跃，而此书中女性形象尤为引人注目，它以宽容和赞美的态度描述女性的美貌、才能、智慧和活泼的性格，在中国古代典籍中最早留下了令人钦佩和喜爱的女性群像，人或称《世说》为"奇书"，得此愈为奇也。

余嘉锡.世说新语笺疏（下卷上）[M].北京:中华书局,1983,:696.

文选8-3

世说新语·任诞（节选）

　　王子猷居山阴①，夜大雪，眠觉，开室命酌酒，四望皎然。因起彷徨，咏左思②招隐诗。忽忆戴安道③。时戴在剡，即便夜乘小舟就之。经宿方至④，造门⑤不前而返。人问其故，王曰："吾本乘兴而行，兴尽而返，何必见戴？"

　　……

世说新语·方正（节选）

　　王子猷出都，尚在渚下。旧闻桓子野善吹笛，而不相识。遇桓于岸上过，王在船中，客有识之者云："是桓子野。"王便令人与相闻，云："闻君善吹笛，试为我一奏。"桓时已贵显，素闻王名，即便回下车，踞⑥胡床，为作三调。弄毕，便上车去。客主不交一言。

注释

①**山阴**：今浙江绍兴市。

②**左思**：字太冲，西晋文学家。所作《招隐诗》旨在歌咏隐士清高的生活。

③**戴安道**：戴逵，字安道。谯国（今安徽省北部）人。学问广博，隐居不仕。

④**经宿方至**：经过一宿的工夫才到达。

⑤**造门**：造，拜访，到门口。

⑥**踞**：蹲，坐，箕踞，指古人席地而坐把两腿像八字形分开。

如是我读：

　　一夜下大雪，王子猷一觉醒来，叫家人拿酒来喝。忽然想起戴安道，当时戴安道住在剡县，他立即连夜坐小船到戴家去。船行了一夜才到，到了戴家门口，没有进去，就原路返回。还有一次，王子猷在船中，听到有个认识桓子野的客人说，那

余嘉锡.世说新语笺疏（下卷上）[M].北京:中华书局,1983:760.

余嘉锡.世说新语笺疏（下卷上）[M].北京:中华书局,1983:761.

是桓子野。王子猷便派人替自己传个话给桓子野，说："听说您擅长吹笛子，试为我奏一曲。"桓子野当时已经做了大官，听到过王子猷的名声，立刻就掉头下车，上船坐在马扎儿上，为王子猷吹了三支曲子。吹奏完毕，就上车走了。宾主双方没有交谈一句话。

魏晋南北朝、五代十国和明之末世，便是文化历史上魏晋南北朝、五代十国和明之末世，这些历史时期，其中有些人事颇有趣味，亦可发人深思。"任诞"，指任性放达，魏晋士人不满于旧礼教的束缚，追求个性之自由和精神之解放，形成了"指礼法为俗流，目纵诞以清高"的风尚。任诞的表现形式多半离不开饮酒，饮酒不但是魏晋风度的核心内容之一，还是士人消灾避祸的重要手段。

模拟性研究任务8

文选一桓公感慨"树犹如此，人何以堪"表达的是内心什么样的感受？孔夫子也曾慨叹"逝者如斯夫"，他以流水表达内心什么样的感受？陈子昂有"前不见古人，后不见来者，念天地之悠悠，独怆然而涕下"，你能体会古人当时的感受吗？

导读9

情与兴

以魏晋风度为开端的儒道互补的士大夫精神,从根本上奠定了中国知识分子的人格基础,影响相当深远。可是,魏晋风度的所及,也带来了弊端,许多人赶时髦,心情也并非嵇康、阮籍似的沉重,却也学他们的放达。其实如今年轻人作为对人生的爱恋,自我的发现与肯定,与东汉末以魏晋风度的价值观念是一脉相承的。而如今年轻人在追求行止姿容的漂亮俊逸个性上,又和魏晋风度的美学观相辅相成。晋人在我们印象里轻裘缓带,不鞋而展。他们"简约云澹,超然绝俗"。魏晋时代长期的战乱,离愁,太轻易的生离死别,妻离子散让他们意识到生命的短暂和可贵。所以当他们意识到生命的长度不可以增加时,他们只能选择拓展生命的宽度。这时节,各种张扬的、个性的,甚至夸张的生命个体被重视、被渲染、被接受。《世说新语》可以说是这个时代风度的最好画像。

王子猷尝暂寄人空宅住,便令种竹。或问:"暂住何烦尔?"王啸咏良久,直指竹曰:"何可一日无此君?"(《任诞》46)在这里,即刻的感受超乎一切,人们在这一分钟里颖悟、超脱、放纵,这一分钟里世界只剩下自己。一切都直逼本心,超然物外。令人叹服。这个时候的追求感观,心灵享受绝非堕落淫靡,而是一种自觉高尚情趣的体现,就像山水画一样,我们的士大夫空灵而隽逸。

卫洗马初欲渡江,形神惨悴,语左右云:"见此芒芒,不觉百端交集。苟未免有情,亦复谁能遣此!"(《言语》32)卫玠字叔宝,曾官太子洗马,身出名门,久享清誉,永嘉初南下至豫章(今江西南昌),未久而卒。当卫玠"初欲渡江"之际,身历国破家亡,颠沛流离,而将要寄身他乡,此时见天宇寥阔、江水茫茫,他的感伤是深广的。虽然"百端交集",无从说起,但这一场景,令人体会到不知人生于世,缘何而来,向何而去的迷茫。"苟未免有情,亦复谁能遣此!"感慨的背后是情与否的争议——人并非圣人,不能做到无情,因而只有承受这种无法排遣的悲哀。后世诗歌中,像李贺的名句"天若有情天亦老"(《金铜仙人辞汉歌》),很可能也是受了它的启发。

人们谈及魏晋士人对死亡的敏感,容易联想到这一时代战乱不绝、政局动荡、人命危浅的背景,无疑这是重要的原因。但是,日子短少,这对人类是一个始终存在的威胁,而时事的危难在历史上也是反复出现的,所以没有理由说它是决定性的原因。从魏晋思想文化的特殊性来说，正是个体的觉醒，使得生命的价值更为凸显，同时死亡在人们心中投下的阴影也变得更为浓重。人们希望豁达的态度能够带来某种超越，譬如《任诞》篇记袁山松出游，每好令左右作挽歌，时人谓之"道上行殡"，以坦然的态度对死亡表达痛苦和哀伤之情。

文选9-1

世说新语·雅量（节选）

嵇中散临刑东市①，神气不变，索琴弹之，奏《广陵散》②。曲终，曰："袁孝尼尝请学此散，吾靳固③不与，《广陵散》于今绝矣！"太学生三千人上书，请以为师，不许。文王④亦寻悔焉。

· ·

注释

①**嵇中散**：嵇康，中散大夫是他曾任的官职。**东市：**汉代长安行刑之场所。

②**《广陵散》：** 名琴曲，又称《广陵止息》。

③**靳固：** 吝惜固执。

④**文王：** 此指晋王司马昭，其子炎称帝后谥之曰"文"。

如是我读：

中散大夫嵇康在法场被处决时，神态不变，要求琴弹，弹奏《广陵散》曲后说："袁孝尼曾经请求学这支曲子，我吝惜固执，不肯传给他，《广陵散》从今以后要失传了！"《雅量》在《世说》中列为第六门，《世说》三十六门的次序，大略地包含着编纂者的褒贬态度。"雅量"是"器量"的美化的说法，但魏晋时代所说的"雅量"不仅内涵要丰富得多，而且它在人们生活中所表示的价值也重要得多。在很多情况下，它和士族的高贵意识联系在一起，它追求生命内涵的广度和人格的稳定性，要求在任何情况下不为外力（无论成与败、荣与辱）所动摇，可以说，"雅量"是魏晋时代士人的理想人格。

余嘉锡.世说新语笺疏（中卷上）[M].北京:中华书局,1983:344.

文选9-2

世说新语·伤逝（节选）

王子猷①、子敬②俱病笃，而子敬先亡。子猷问左右："何以都不闻消息？此已丧矣。"语时了③不悲。便索舆来奔丧，都不哭。

子敬素好琴，便径入坐灵床上，取子敬琴弹，弦既不调④，掷地云："子敬子敬，人琴俱亡。"因恸⑤绝良久，月余亦卒。

....

注释

①**子猷**：王徽之，字子猷，王羲之的第五个儿子。

②**子敬**：王献之，字子敬，王羲之的第七个儿子，死时43岁。以行书和草书闻名后世。

③**了**(liǎo)：完全。

④**调**：乐曲，乐谱。

⑤**恸**(tòng)：极悲哀，大哭。

如是我读：

兄弟若只是血缘关系，亲当然亲，却断不会到如此生死相依的程度。《世说新语》记子猷事十九条，子敬事二十九条，可以看出两兄弟的性情气质，都堪称六朝人物的典型。其相许相投，有这样的一个基础，故能超出寻常的弟兄。子敬向来喜欢弹琴，子猷在得知他死后径直走进去坐在灵床上，拿过子敬的琴来弹，弦的声音已经不协调了，子猷把琴扔在地上说："子敬啊子敬，你的人和琴都死了！"于是痛哭了很久，几乎要昏死过去。过了一个多月，子猷也去世了。

余嘉锡.世说新语笺疏（下卷上）[M].北京:中华书局,1983:645.

文选9-3

书舟中作字

苏轼

将至曲江,船上滩欹①侧,撑者百指,篙声石声荦然②,四顾皆涛濑,士无人色,而吾作字不少衰,何也?吾更变亦多矣,置笔而起,终不能一事,孰与且作字乎?

······

注释

①**欹:** 倾斜,歪向一边。
②**荦然:** 明显,分明。

如是我读:

将到曲江时,船在滩上搁浅倾斜,撑船的有十多人,篙声石声荦荦,四面望去都是波涛,舟中的几个乘客,脸色都变了,我却一直坐着写字,不受一点影响,不管四周如何喧闹嘈杂,写字的兴致还是一样高。为什么呢?我一生经历的变故多了,此刻即使放下笔来,终究不能做任何一件事,恐怕还不如只管写字呢!

在不大不小的风波中,也能看出人的风度修养来。

模拟性研究任务9

最近,题为"一个北大毕业生决定去送外卖"的文章毫无意外地刷屏了。名校毕业生、外卖配送员,两种身份叠加造成的错位感,轻易捕获了人们的注意力。其实,文章还有另外一个标题——"三十而砺"。然而,在传播上,人们记住的则是"一个北大毕业生决定去送外卖"。爆红之后,文章随即招来了质疑。有人认为这是作者张根的炒作,是哗众取宠;有人觉得这不过是贩卖焦虑的行为艺术。张根接受采访时也承认:"误解是表达者的宿命。"

对于这个现象,你会做何评价?如果是你,你会做出怎样的人生选择?

导读10

自然的发现

《世说新语》中关于士大夫赏识自然风物的记载多为东晋之事,而中国的田园山水诗的正式成立也在晋宋之际,人们很容易得出这样的结论:正是因为中原士大夫来到南方,被江南秀丽的山水风光所吸引,导致对自然的发现。此所谓"自然",是指人为的、造作的、束缚天性的事物的反面,而在倡导自然的同时,魏晋士人又表现出对自然风物的极大兴趣和富于美感的理解。宗白华先生说过一句很动人的话:"晋人向外发现了自然,向内发现了自己的深情。"(《论世说新语和晋人的美》)

郭景纯诗云:"林无静树,川无停流。"阮孚云:"泓峥萧瑟,实不可言,每读此文,辄觉神超形越。"(《文学》76)

这两句诗的意境深广清幽,难以言说,单就诗来说,"林无静树,川无停流"。包含着哲理性的内涵,并引出一种延伸的思考,没有一棵树是安静的,没有一条河流会停止流动,整个世界都处于无穷的变迁中,人为之痴迷,竭力追寻的世俗荣耀,究竟有什么意义?阮孚正是以这样的哲理来思考人生,才格外感叹诗意的动人和深邃。

东晋简文帝司马昱,元帝少子,原为会稽王,桓温废司马奕(废帝)后,立他为帝,但是政权完全掌握在桓温手中。他以帝王身份而好玄学,是一位著名的清谈家。选一则:

简文入华林园,顾谓左右曰:"会心处不必在远,翳然林水,便自有濠、濮间想也,觉鸟兽禽鱼自来亲人。"(《言语》61)

"濠、濮间想"是《庄子》的典故,前者说庄子在濠水上观赏鱼儿游于水中的自由和快乐,后者说庄子在濮水边钓鱼,以不愿牺牲自由的生活为理由,拒绝了楚王隆重的邀请。司马昱引用这两个典故,是想说人未必要隐居于僻远之地,才能仿效庄子式的高蹈,但有"会心"——对自然的领悟,就在园林之中,面对树木和池沼,也能体会到这种从容的生命状态。

在晋人的理解中,自然不仅培养了人的超越世俗的品格,又给人以熏陶,使之具备优美、从容、高雅的情趣,它结合了德行与美感双重价值。我们不难体会到,这其实是将理想人格的某些最重要的因素寄托于自然。其中的佳例极富诗意。

刘尹曰："清风朗月，辄思玄度"（《言语》73）

有人叹王恭形茂者，云："濯濯如春月柳。"（《容止》39）

山公曰："嵇叔夜之为人也，岩岩如孤松之独立；其醉也，傀俄若玉山之将崩（《容止》5）"

这几个例子，篇幅短，文字却非常漂亮。不是直接拿自然风物去比拟，只是用意象让人联想，带着暗示性却并不说透，意象和人物之间的关系更为空灵，情趣也更为活泼。

文选10-1

记承天寺①夜游

苏轼

元丰六年②十月十二日夜,解衣欲睡,月色入户,欣然起行。念无与为乐者,遂至承天寺寻张怀民③。怀民亦未寝,相与④步于中庭。庭下如积水空明⑤,水中藻、荇交横,盖竹柏影也。何夜无月?何处无竹柏?但少闲人⑥如吾两人者耳。

注释

①**承天寺:** 故址在今湖北黄冈县城南。

②**元丰六年:** 1083年。当时作者48岁,因乌台案被贬黄州已经4年。

③**张怀民:** 作者的朋友。名梦得,字怀民,清河(今河北清河)人。元丰六年也被贬到黄州,寓居承天寺。

④**相与:** 共同。

⑤**空明:** 形容水的澄澈。

⑥**闲人:** 这里是指不汲汲于名利而能从容流连光景的人。

如是我读:

元丰六年,苏轼被贬到黄州已经三年,东坡上开的荒地早已成为熟土,他仍能半夜跑到月光下做闲人,其气度真我辈"忙人"所不能及,这让我想起《红楼梦》中,大观园里结诗社起别名,宝钗给宝玉起了个"富贵闲人"。月光从门户射进来,不由得生出夜游的兴致,就到承天寺寻找张怀民,我俩就一起在庭院中散步,庭院中的月光宛如积水那样清澈透明。水藻、水草纵横交错,原来那是庭院里的竹子和松柏树枝的影子。

"闲人"一词,表面上是自嘲地说自己和张怀民闲来无事才出来赏月,实际上却为自己的行为而自豪,月夜处处都有,却是只有情趣高雅的人欣赏才有美!其次,"闲人"又包含了作者郁郁不得志的悲凉心境,空有一身抱负,却被一贬再

孔凡礼点校.苏轼文集(第5册)[M].北京:中华书局,1986:2260.

贬,流落黄州,赏月闲人的自得不过是被贬闲人的自我安慰罢了。游记以真情实感为依托,信笔写来,起于当起,止于当止,犹如行云流水。

湖心亭看雪

张岱

崇祯五年十二月,余住西湖。大雪三日,湖中人鸟声俱绝。是日更定①矣,余拏②一小舟,拥毳衣③炉火,独往湖心亭看雪。雾凇沆砀④,天与云与山与水,上下一白。湖上影子,惟长堤一痕、湖心亭一点、与余舟一芥,舟中人两三粒而已。

到亭上,有两人铺毡对坐,一童子烧酒炉正沸。见余,大喜曰:"湖中焉得更有此人?"拉余同饮。余强饮⑤三大白⑥而别。问其姓氏,是金陵人,客此。及下船,舟子喃喃曰:"莫说相公痴,更有痴似相公者!"

注释

①**崇祯五年**:1632年。崇祯,是明思宗朱由检的年号(1628-1644)。
　更定:指初更以后。晚上8点左右。
②**拏**:通"桡",撑(船)。
③**毳衣**:细毛皮衣。毳:鸟兽的细毛。
④**雾凇沆砀**:冰花一片弥漫。雾,从天上下罩湖面的云气。凇,从湖面蒸发的水汽。沆砀,白气弥漫的样子。
⑤**强**(qiǎng)**饮**:尽情喝。
⑥**三大白**:古人罚酒时用的酒杯,也泛指酒杯,这里是三杯酒。

如是我读:

全文159个字,堪称字字珠玑,意境阔大,表达的情绪异常幽远,可以感受到小品文的审美意趣。最后一段舟子的话,是对作者内心感慨的点白,但又巧妙地隐藏了作者自己的"影子",既与全文的基调保持一致,又使全文处于和谐的变化之中,落寞的心境也因亭中偶遇而变得微温。

张岱.陶庵梦忆 西湖梦寻[M].上海:上海古籍出版社,1982:40

文选10-3

梦溪笔谈（节选）

沈括①

予奉使按②边，始为木图，写其山川道路。其初遍履山川，旋以面糊木屑。写其形势于木案上。未几寒冻，木屑不可为。又熔蜡为之。皆欲其轻，易赍③故也。至官所，则以木刻之上。上召辅臣同观，乃诏边州皆为木图，藏于内府。

- -

注释

① **沈括：** 字存中，晚号梦溪丈人，北宋钱塘（今杭州）人。
② **按：** 考查，研求。
③ **赍：** 旅行的人携带衣食等物。

如是我读：

沈括制作的"木图"，是有记载的世界最早的地理模型，欧洲瑞士人开始做同样的事，已经到了18世纪，迟了700多年。《梦溪笔谈》中这些观察和实验的记录，尤其是木图这类实践活动，闪耀着早期的科学光芒。行经边境时，开始在板上标记山川形势和道路旅程，为了求得准确，标记的地方都经过考察，随即觉得这样做显示不出地形起伏，便用糨糊调和细木屑，在板面上堆塑山脉河流，做成地形模型。但天气一冷，糨糊冻结，便不能堆塑，于是又改用熔融的蜡来做，蜡质轻巧，携带比较方便。后来到边防任所，安置下来，又改用雕刻的方法，全用木制成地形模型，呈送朝廷。

模拟性研究任务10

据说，有一天，苏东坡到丞相王安石的府上拜访，王安石正忙着接待别的客人，苏东坡发现王安石的书桌上有一首还没写完的诗，里面有两句：昨夜西风过园林，吹落黄花满地金。苏东坡读完哈哈大笑，说你堂堂一个丞相，又是一代大文豪，连季节都搞不明白，秋天是菊花盛开的季节，怎么会有菊花落下来呢？于是他拿笔续写后面两句：秋花不比春花落，说与诗人仔细吟。过了不久，苏东坡因为乌台诗案被贬黄州团练副使，这一年的秋天，他推门一看，突然发现自己花园里的菊花被风吹落满地，一片金色。苏东坡大惊道，"见未真，知未的"，你看到的只是一部分菊花，你了解的也只是一部分菊花，天底下的菊花，真有秋天会落的。

对于这个故事你有什么看法和见解？

综合性课程设计：
从节日和民俗入手，爱上传统文化

基于传统文化的综合性课程，不是由专门的教材产生，更不是由某个具体知识点的拓展衍生，而是基于中国传统文化框架与学生主体体验活动相结合的产物，是生活化、综合性的内容整合。

就传统习俗文化而言，以活动为载体，让学生了解"万物"，在体验中增强自我对传统习俗文化的认知与实践，使得优秀传统习俗文化得以发展和延续。以端午节为例，可以开展"包粽子""编香囊"等活动，还可以组织去龙舟池看每年一度的海峡两岸的龙舟赛、抓鸭子，增强仪式感，让习俗文化走进学生的生活。还有每年一度的中秋节，走在厦门的大街小巷，一阵阵清脆的"叮叮当当"声此起彼伏。对于每个厦门人来说，这是熟悉的乡音，也是文化的符号——中秋博饼，它是闽南地区独有的中秋传统活动，起源于清初，是一种特殊的月饼文化，也是闽南人对历史的一种传承。相传，中秋博饼，是郑成功屯兵鼓浪屿时为解士兵的中秋相思之情，激励鼓舞士气而发明的，于是，一代一代传下来，就成了如今闽南地区独具特色的民间习俗。中英枫禾学校每年的中秋节都组织学生进行博饼活动，在翻滚的骰子君的欢叫声中，学生亲近了传统文化的美好。

当然，对于国际学校的学生来说，万圣节也不容错过。万圣节起源于欧洲，是西方的传统节日，传说这天是恶灵力量最强大的一天，万圣前夜，人们就会开始关闭家里的炉火，把自己打扮成鬼怪的模样吓走灵魂，以祈平安度过严冬。今年万圣节，我们把中英枫禾学校装扮成哈利·波特的霍格沃茨魔法学校，邀请所有同学和家长一同前来，参加这次万圣夜大狂欢。在魔法课堂上，老师教孩子们用咒语"Ridiculous"把自己害怕的事物变得滑稽。而哈利内心深深恐惧的东西却让他无法掌控，还好魔法老师及时出面，救下哈利。邓布利多校长再三告诫同学们不能闯进密室，但三人组控制不住好奇心硬闯密室。那么，等待他们的会是什么呢？原来，每个人的心中都有一个需要被释放的"魔鬼"！

文化的沟通和交融就在这一次次的活动和体验中达成，学生的人格养成和品性的提升，也可以在综合课程活动中实现。我们在体验中学习，在活动中发展心智、完善人格。

链接活动设计：孔子诞辰日，我们这样缅怀先圣

"国将兴，必贵师而重傅。贵师而重傅，则法度存。国将衰，必贱师而轻傅。"尊师重教，是中华5000年延续下来的传统美德。而开了这一风气的，是被尊为"万世师表"的古代著名教育家、思想家——孔子。

在古代，孔子被尊奉为至圣先师、万世师表。其儒家思想对中国和世界都有深远的影响，"有教无类"的思想在教育发展史上具有划时代的意义。他主张无分贵贱不分国界，只要有心向学，都可以入学受教，开了教育普及的先河。

随着孔子影响力的扩大，祭祀孔子的"祭孔大典"也一度成为和中国祖先神祭祀同等级别的"大祀"。而祭祀先师的仪式更是传承已久，《礼记·文王世子》载："凡学，春官释奠于其先师；秋冬亦如之。""凡始立学者，必释奠于先圣、先师。"在北齐天保年间即定制：春秋二仲，释奠于先圣先师，以时修葺祠庙。隋开皇初，又制国学及州县学均于春秋仲月上丁日释奠。这时还可说只是各级学校师生致祭周公孔子而已。但已是国家祀典了。

到了唐德宗贞元二年，更下诏说释奠时自宰臣以下都要在祝板上署名肃拜。这就是公教人员都须一体致敬了。宋朝把释奠礼的仪程、祭器图，雕版印了分发天下，更强化了这层意义。而等到民间老百姓家家户户都立着"天地君亲师"的牌位以后，尊师就益发遍行于乡里了。

直至中华民国时期，民间、官方均有祭孔活动。中华人民共和国成立后，直到1984年，曲阜孔庙才恢复了民间祭孔，以后大陆其他地区陆续恢复祭孔的活动，中央电视台从2005年开始直播曲阜的祭孔活动。

为了纪念孔子，中英枫禾学校的校内教师节，就定在9月28日——孔子诞辰日。重温先贤智慧，传承中华文化。庆典暨孔子诞辰日活动在筼筜书院成功举办。怀着对孔子的感恩与崇敬之心，同学们参与了拜孔大典，并亲自组织呈现了古装秀、舞台剧，表达对中国古代文化的热爱与继承。

拜孔礼、拜师礼：

中国，素称"衣冠上国，礼仪之邦"。"礼之用，和为贵"，彬彬有礼的行为，庄重诚敬的仪式，是中华文化薪火相传的体现。在现场，南山老师和同学们讲解拜孔礼、拜师礼的意义，并传授了正确的动作详解。伸出双臂，拱手，弯腰，作揖，这些动作看似细微，实则深刻，发自内心的敬意才是礼的核心。

拜孔大典：

随后，拜孔大典在筼筜书院中庭进行。
举行祭孔仪式，既是对至圣先师孔夫子的尊
崇和怀念，也是传承古圣贤智慧和礼仪，为
后学开启智慧。

束脩六礼：

桌上摆放的这些物品，有什么寓意呢？在古代，学生与老师初次见面时，
必先奉赠这些礼物，表示对老师的敬意。

肉干（感谢师恩）
芹菜（业精于勤）
龙眼干（启窍生智）
莲子（苦心教学）
红枣（早日高中）
红豆（大展宏图）

投壶游戏：

投壶是古代士大夫宴饮时做的一种投掷游戏，也是一种礼仪。在战国时期
较为盛行，尤其是在唐朝，得到了发扬光大。

后记

　　《给中学生的文学课》试用稿,在两年时间(2017.9—2019.7)的试用阶段,得到厦门枫禾国际学校中文组老师的大力支持,并在原有课程的基础上做了大量的修改和变动。枫禾国际学校的执行董事马骁先生促成了这本书的创作结集,此后因为有庄总的引进和接洽,才有了这本书与中国旅游出版社合作的机缘。在此一并致谢!

　　附参考文献:

　　[1] 夏丏尊,叶绍钧.国文百八课[M].北京:三联书店, 2008.

　　[2]章熊, 张彬福, 王本华.中学生言语技能训练[M].北京:人民教育出版社, 2005.

　　[3]崔宝衡, 任子峰, 张宪周, 郭奇珊.外国文学名篇选读(上下)[M].天津:南开大学出版社,1985.

　　[4]历届诺贝尔文学奖获奖作家小说选(上下)[M].贵阳:贵州人民出版社,1994.

　　[5]木心讲述.1989—1994文学回忆录(上下册)[M].桂林:广西师大出版社,2013.

　　[6]顾随讲,叶嘉莹笔记.中国古典诗词感发[M].北京:北京大学出版社,2012.

　　[7]顾随讲,叶嘉莹笔记.中国古典文心[M].北京:北京大学出版社,2014.

　　[8]叶嘉莹.迦陵论诗丛稿[M].北京:北京大学出版社,2008.

　　[9]叶嘉莹.迦陵说词讲稿[M].北京:北京大学出版社,2007.

　　[10] 许渊冲.文学与翻译[M].北京:北京大学出版社,2016.